职业教育校企合作精品教材

财会基础知识

主编　阳柳　李波

高等教育出版社·北京

内容提要

本书是职业教育校企合作精品教材。全书包括4个项目、15个任务。其中,项目1和项目2主要介绍企业经营的基本知识及会计核算的基本方法;项目3围绕企业会计工作的基本过程,主要介绍会计核算的基本环节,包括建立账簿体系、填制会计凭证、登记账簿、编制账务报表和获取财务信息;项目4围绕企业经营过程发生的典型经济业务,介绍相应的会计核算方法,包括筹资业务核算、采购业务核算、成本费用核算、销售业务核算和经营成果核算。

为方便教学,本书配有二维码资源和 Abook 资源。

本书既可作为职业院校非会计专业财会基础知识课程的教学用书,也可作为在职人员培训用书,或作为自学人员学习财会知识的读本。

图书在版编目(CIP)数据

财会基础知识 / 阳柳,李波主编. --北京:高等教育出版社,2022.5

非会计专业

ISBN 978-7-04-058095-2

Ⅰ.①财… Ⅱ.①阳… ②李… Ⅲ.①财务会计-中等专业学校-教材 Ⅳ.①F234.4

中国版本图书馆 CIP 数据核字(2022)第 025969 号

Caikuai Jichu Zhishi

策划编辑	刘　睿	责任编辑	黄　静	封面设计	李树龙	版式设计　李彩丽
责任绘图	邓　超	责任校对	胡美萍	责任印制	耿　轩	

出版发行	高等教育出版社	网　　址	http://www.hep.edu.cn
社　　址	北京市西城区德外大街4号		http://www.hep.com.cn
邮政编码	100120	网上订购	http://www.hepmall.com.cn
印　　刷	三河市宏图印务有限公司		http://www.hepmall.com
开　　本	889mm×1194mm　1/16		http://www.hepmall.cn
印　　张	9.5		
字　　数	220千字	版　　次	2022年5月第1版
购书热线	010-58581118	印　　次	2022年5月第1次印刷
咨询电话	400-810-0598	定　　价	30.80元

物　料　号　58095-00

本书配套的数字化资源获取与使用

二维码教学资源

本书配有教学视频、课后习题参考答案等资源,在书中以二维码形式呈现。扫描书中的二维码进行查看,随时随地获取学习内容,享受立体化阅读体验。

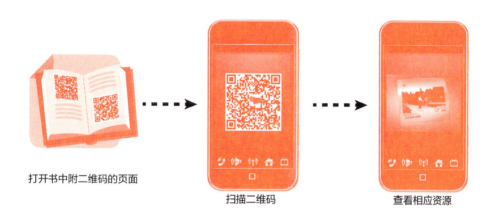

打开书中附二维码的页面　　　　扫描二维码　　　　查看相应资源

Abook 教学资源

本书配套 PPT、授课教案等教学资源,请登录高等教育出版社 Abook 网站 http://abook.hep.com.cn/sve 获取。详细使用方法见本书"郑重声明"页。

注册　　　　　登录　　　　绑定课程

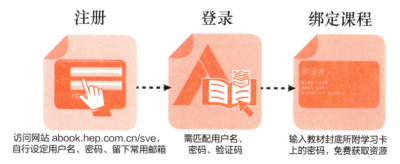

访问网站 abook.hep.com.cn/sve,
自行设定用户名、密码、留下常用邮箱

需匹配用户名、
密码、验证码

输入教材封底所附学习卡
上的密码,免费获取资源

Abook App
扫码下载 App

前　言

经济越发展,会计越重要。随着社会经济的发展,经济行为和经济业务逐渐多样化,经济活动的内容更多,辐射更广,这不仅对会计从业人员提出了更新、更高的专业要求,对于置身经济活动中的企业经营者以及不同职业的人来说,了解经济、会计、财税的相关知识也更重要了。在职业教育中,不仅是会计专业学生要学习会计,非会计专业的学生也应该了解国家的财税制度,理解企业的经营活动,掌握一定的财会知识。

本书立足于让学生了解企业的经营活动、了解会计的工作内容,以企业最基本的经营活动为主线,以会计最基本的工作内容为载体设计教材内容。

本书以《小企业会计准则》及《会计基础工作规范》为编写依据,基于中职学生的学情特点及认知规律,以项目整合知识,以任务引领学习。书中语言通俗易懂,图文并茂,理实一体化,利于学生理解与掌握。本书还配有课后习题,可帮助学生复习、巩固所学知识。

本书融合了编者多年的会计教学和企业实践经验,顺应新时代发展潮流,紧密结合教材改革要求,主要体现为以下几个方面:

一是融入课程思政内容。根据财会基础知识,结合思政教育内容,合理把握课程与思政的契合点,在专业教学中,融入职业道德,敬业、诚信等社会主义核心价值观等思政教育。

二是探索教材新形态。为方便教师教学和学生自主学习,依托互联网技术,本书配有数字化教学和学习资源,读者可以通过扫描书中二维码、登录网站等方式获取教学视频、教学课件、电子教案、习题答案等资源。

三是以企业活动为原型。书中典型业务的会计处理以制造业小企业的生产经营活动为背景,设定相应的角色和情境,以增强教学的真实感,提高学习的代入感。

四是结合新业态。在业务中引入了增值税电子发票的相关内容,与增值税改革和企业经营活动实际情况接轨。

本书建议教学总学时为 72 学时,具体学时分配见下表(仅供参考)。

项目	任务	学时数			
		合计	讲授	实践	机动
1 会计基本知识	任务 1　认识企业	2	2		
	任务 2　认识会计与会计工作	2	2		
2 会计基本方法	任务 3　会计要素及会计平衡式	6	4	2	
	任务 4　借贷记账法	6	4	2	
	任务 5　会计核算方法	2	2		
3 会计基本工作过程	任务 6　建立账簿体系	2	1	1	
	任务 7　填制会计凭证	10	6	4	
	任务 8　登记账簿	8	6	2	
	任务 9　编制财务报表	6	4	2	
	任务 10　获取财务信息	4	3	1	
4 典型业务的会计处理	任务 11　筹集资金业务的核算	4	2	2	
	任务 12　采购业务的核算	6	4	2	
	任务 13　成本费用的核算	4	3	1	
	任务 14　销售业务的核算	4	3	1	
	任务 15　利润的形成与经营成果的核算	4	3	1	
机　动		2			2
合　计		72	49	21	2

　　本书由阳柳、李波担任主编,梁颖怡担任副主编。任务 1、2 由阳柳编写,任务 3、4 由朱榕编写,任务 5、7、15 由李波编写,任务 6、8 由周燕飞编写,任务 9、10 由曾莅编写,任务 11、12 由梁颖怡编写,任务 13、14 由王立奋编写。全书由阳柳、李波统稿,程琨主审。

　　本书在内容和形式上做了一些新的尝试,但由于编者水平有限,加之时间仓促,书中难免有疏漏不足之处,敬请广大读者批评指正。读者意见可反馈至信箱:zz_dzyj@pub.hep.cn。

编者

2021年11月

目　　录

项目 1
会计基本知识

假如自己创业,该如何创建企业,是否要有会计,会计是干什么的……

本项目主要介绍企业的组建、类型及经营过程,以及会计的概念、会计的基本职能、会计对象、会计机构和会计职业等内容。

学完本项目,利用业余时间,到企业做一个考察,或者到市场做一次调查,或者召开一次主题班会,列出三个知名企业,并说出理由。

任务1　认识企业

学习要点

● 企业组建的基本条件和完成标志

● 企业的类型

● 企业的经营过程

课堂思政

复工转产　助力抗疫

2020年年初，新冠肺炎疫情席卷中华大地，一场关乎亿万民众身体健康和生命安全的战役瞬间打响。各省、市、自治区纷纷启动重大突发公共卫生事件一级响应，面对这场没有硝烟的战"疫"，医用口罩、防护服、护目镜等"战备"物资却面临重大短缺。

疫情就是命令，虽正逢春节假期，但面对抗疫物资紧缺的形势，相关生产企业首当其冲，紧急复产。例如：蓝帆医疗紧急开辟出多条生产专线24小时连续运转，并从全球范围内组织货源，持续响应国内口罩订单需求；理邦仪器动员全国28个办事处上下联动，全力保证相关医疗仪器的供应；华大基因复工复产新冠病毒检测试剂盒，日均产能达8万人份，极大缓解试剂盒供应压力……

尽管各企业开足马力生产，但面对暴增的需求量，现有生产力只能算是杯水车薪。疫情如虎，时间就是生命。在抗疫物资仍然紧缺的情况下，各级政府号召和鼓励有条件的企业，在有关专家的指导下，积极转产转型，投入抗疫物资的生产。很多企业都做出了积极响应。例如：宁夏石化公司炼油厂紧急转产医用无纺布纤维专用料NX40S，确保下游企业医用口罩和防护服的生产；迪尚集团利用服装生产经验和人才优势转产紧缺的医用防护服，仅仅用了一天就完成了从选址、办证、调运设备与原料、安装、消毒，到首件样品下线的全过程……

在这场"抗疫"大战中，我们看到了中国企业的责任与担当；看到了中国政府的运筹帷幄，精准施策；看到了中华民族的万众一心，同舟共济。我们相信，只要我们听从党的集中领导和统一指挥，举国上下凝心聚力，众志成城，我们一定能打赢这场"抗疫"阻击战。

导学案例

张同学到某饮料公司参观，品尝了该公司的汽水，同时还收集了一组图片，如图1-1所示，让我们分享一下他的收获吧。

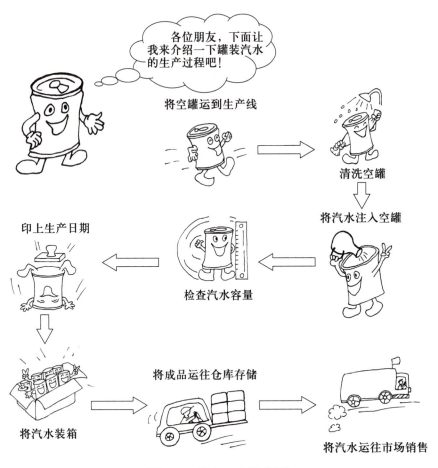

各位朋友，下面让我来介绍一下罐装汽水的生产过程吧！

将空罐运到生产线

清洗空罐

将汽水注入空罐

印上生产日期

检查汽水容量

将汽水装箱

将成品运往仓库存储

将汽水运往市场销售

图 1-1　汽水生产示意图

想一想

- 从图 1-1 中，你会联想到什么？
- 什么是企业？
- 企业是怎样组建的？
- 企业又是怎样运作的？

1.1　企业的组建

企业是指以营利为目的，利用生产要素，并在承担风险的条件下，从事生产、流通和服务性经济活动，实行自主经营、独立核算，具有法人资格的经济实体。例如，导学案例中的饮料公司就是一个具有法人资格的经济实体。

企业的社会责任

1. 组建企业的基本条件

通俗地说，组建企业的物质条件就是人力、物力和财力，即人员、场地和资金，这是必不可少的条件。

（1）人员应包括管理人员和基层员工。

（2）组建企业必须有场地,任何一个企业的营业执照上都会清楚地注明企业经营地址,这是注册企业的必备条件之一。

（3）资金通常是困扰企业的一大难题。想想看,租场地、发工资、买材料、购设备,哪一件事不花钱?假若自己创业,最简单的办法是用自己的钱,最方便的途径就是让自己的父母或亲友成为自己的投资人,但最可靠的还是通过向银行贷款取得创业需要的资金。

2. 企业组建完成的标志

如何确认新开企业已组建完成呢?鉴于不同组织形式的企业其组建完成的标志有所不同,现以有限责任公司应具备的主要条件说明如下:

（1）有合法的行政审批证件:营业执照等。

（2）有完整的企业印鉴:企业公章,法人章,财务专用章,发票专用章,合同专用章,部门专用章等。

（3）有规范的会计凭证、账表:银行结算票据、发票、会计专用账簿（总账、日记账、明细账）、财务报表等。

此外,合法的经营场地和能够胜任企业运转的管理机构也是企业组建完成的必备要素。

1.2　企业的类型

1. 按产业概念划分

（1）农业企业,是指进行农业生产（农、林、牧、渔、采集等）的企业。农业企业属于第一产业。

（2）工业企业,是指从事工业产品制造或提供工业性服务的企业,如采掘业、制造业、建筑业等行业的企业。工业企业属于第二产业。例如,导学案例中的饮料公司就是一个制造企业。

（3）服务企业,是指提供各种服务性工作的企业,如商业、金融、邮电、信息、运输、旅游、科技、文化、医疗等行业的企业。服务企业属于第三产业。

2. 按所有制形式划分

（1）国有企业,是指财产属于全民所有的企业,国家代表全民的利益,行使生产资料所有权。

（2）集体所有制企业,是指财产属于劳动群众集体所有的企业。

（3）私有制企业,是指财产属于私人所有的企业,如个人独资企业、私营企业、港澳台投资企业外商投资企业。

（4）混合所有制企业,是指由国家、集体、私人、外商等两方或多方共同投资兴办的企业,如中外合资公司。

3. 按企业的财产构成和出资者的法律责任划分

（1）自然人企业,是指财产属于出资者私人财产,企业不是民事主体,只有出资者才是民事主体。自然人企业本身不具有法人资格,如个人独资企业、合伙企业。

（2）法人企业,是指具有法人资格的企业。企业的法人资格条件包括:有符合法律规定的资产,企业财产独立于出资人和自己的成员,由企业独立支配;有自己的名称、组织章程、组织机构和经营场所;能够独立承担民事责任;依法成立。

1.3　企业的经营过程

企业的经营过程

以制造企业为例,企业进入正常生产经营阶段,围绕供、产、销三个环节,会发生一系列经营活动,如图1-2所示。

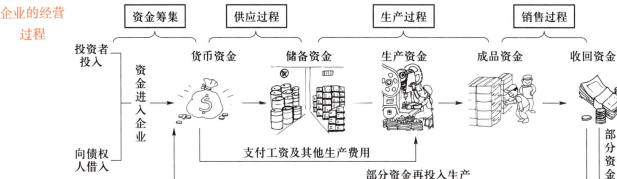

图1-2　企业经营过程示意图

（1）资金筹集过程。企业通过各种渠道筹集资金,包括接受投资者投入和向债权人借入的资金,其表现形式为货币资金。

（2）供应过程。企业为进行生产经营需要采购各项物资,如用货币资金购进生产产品所需的生产资料（如原材料等）,其表现形式为储备资金。

（3）生产过程。企业对购进的原材料等物资进行加工。正在加工中的产品称为在产品,其表现形式为生产资金;在产品生产完工后转入产成品仓库,称为产成品,其表现形式为成品资金。

（4）销售过程。企业销售产成品以满足广大消费者的需要,同时收回资金。收回的资金一部分重新投入生产,另一部分参与社会分配,退出企业。

　课后习题

1. 单项选择题

（1）企业是指以（　　　　）为目的,利用生产要素,并在承担风险条件下,从事生产、流通和服务性经济活动,实行自主经营、独立核算,具有法人资格的经济实体。

A. 生产　　　　　　B. 经营　　　　　　C. 营利　　　　　　D. 服务

（2）假若你自己申请创办一家企业,这家企业属于(　　　)制企业。

  A. 国有   B. 私有   C. 集体所有   D. 混合所有

2. 多项选择题（每题至少有两个正确答案,以下各任务多项选择题同此）

（1）制造业企业的经营过程一般包括(　　　　　)。

  A. 资金筹集过程   B. 供应过程

  C. 生产过程   D. 销售过程

  E. 投资过程

（2）企业成立应具备相应的印鉴,包括(　　　　)等。

  A. 公章   B. 法人章

  C. 发票专用章   D. 账务专用章

  E. 部门专用章

3. 判断题

（1）企业要进行生产经营,必须具备一套规范的会计凭证和账表。 (　　)

（2）当企业使用货币资金购买材料时,这些货币资金就转变成了成品资金。

任务 1
参考答案

                      (　　)

课后活动

  组织一次参观企业的活动,了解该企业的经营范围和经营方式,绘制出该企业的经营过程流程图。

任务 2 认识会计与会计工作

学习要点
- 会计的概念和基本职能
- 会计对象
- 会计机构
- 会计职业

坚持原则 勇于担当

小张和小李是同事,小张是会计,小李是业务员,因为羽毛球这个共同的爱好,两人还成为了好朋友,更是每年单位职工运动会羽毛球男子双打项目的"黄金搭档"。

这天,小李来找小张报销差旅费,小张在审核单据时发现,小李的住宿费超过了标准。小张把单位住宿费报销标准的相关规定告诉了小李,小李却说:"这个规定我也了解,以前我也从没超标过,这次实在是酒店不好找,没办法才超标的。我们出差也很辛苦,住个酒店偶尔贵一点也没什么吧? 再说,我俩这么熟了,现在这里也没外人,你睁一只眼闭一只眼就过去了嘛!"面对这样的情景,在财务制度和好朋友的求情之间,小张该如何做呢?

会计职业道德其中有一条是"坚持准则",就是要求会计人员在处理业务过程中,严格按照会计法律制度办事,不为主观感情或他人意志左右。所以,在这种情况下,小张应该严格遵守规章制度,不可顾念友情而"放水"。

在工作、生活中,我们会碰到各种考验,面对这些考验,我们都应该敢于坚持原则,勇于担当。

某公司财务部里,员工小王、小陈、小刘关于对会计的认识有如图 2-1 所示的一次对话。

图 2-1　财务部里的一段对话

 想一想

关于会计的说法,你认同哪一种?

2.1　会计

1. 会计的概念

会计是经济管理的重要组成部分,它是以货币为主要计量单位,运用专门的方法,对单位的经济活动进行核算和监督的一种管理活动。

会计是什么

2. 会计的基本职能

会计的基本职能包括会计核算和会计监督。

会计核算,又称为会计反映。会计核算贯穿于经济活动的全过程,反映企业的财务状况及经营成果。从时间上看,它包括事前、事中、事后的核算;从核算的内容看,它包括记账、算账、报账,以及预测、分析和考核。

 小提示

会计核算和会计监督密切结合,相辅相成。

会计监督就是在会计核算的过程中,对企业经济活动的合法性、有效性进行监督。各企业都要对本单位的经济活动进行会计监督,同时还必须接受社会和国家的监督。

3. 会计对象

会计核算应以企业经营活动中的经济事项为对象。下列经济事项(见表2-1)应当办理会计手续,进行会计核算。

 知识点

经济事项是能够以货币表现的经济活动。

表 2-1　经 济 事 项

经济事项	相关概念说明
款项和有价证券的收付	款项是指货币资金,即以货币形态存在的财产,主要有库存现金、银行存款及其他货币资金三种。有价证券是指表示一定财产权利的凭证,如股票、国库券、企业债券、金融债券等
财物的收发、增减和使用	财物是指企业拥有或者控制的,能够以货币计量但不以货币形态存在的各种财产,如原材料、机器设备、运输设备、生产工具、半成品、产成品、包装物等
债权债务的发生和结算	债权是指企业享有的能够以货币进行计量的由他人需要以资产或者劳务进行偿付的权利,主要包括应收票据、应收账款、其他应收款等。债务是指企业承担的能够以货币进行计量的需要以资产或者劳务进行偿付的义务,主要包括借款、应付账款、工资、税金等
资本、基金的增减	资本主要是指投资者对企业的净资产所享有的财产权,包括实收资本、资本公积金、盈余公积金、未分配利润等。基金主要是指企业某些特定用途的资金,如集体福利基金、企业发展基金、维修基金等
收入、支出、费用、成本计算	收入是指企业在开展经济业务活动时,因销售产品、提供服务等取得的钱款。支出指企业在开展经济业务活动时,由于购买商品或者接受服务而向外支付的钱款。费用是指企业因生产经营或者业务管理而产生的各项耗费,如财务费用、管理费用等。成本是指企业在进行产品生产、商品经营或者服务提供过程中产生的各项直接支出,如原材料购买费用、生产工人工资、商品进价等,这些直接计入生产经营成本
经营成果的计算和处理	经营成果就是企业在一定时期内开展经济业务活动后所表示的盈余或者亏损
其他事项	以上未涵盖的需要进行核算的归入此项

 资料卡

会计的起源

"会计"两字的成因及命名起源于西周,它的产生经历了一个漫长而又十分有趣的过程。

在西周以前所应用的文字中,尚未出现开会的"会"字,也无"会计"两字。当时人们表达"开会""集会""相会"之类的意思用的是"合"字;反映事物数量的增加或数字相加也用的是"合"字。由于"合"字的用处越来越多,人们使用起来感到越来越不方便,用"合"字来表达"会计"方面的意思很不确切、妥当。这样,大约到西周中后期,人们将"开会"及"会计"这两个方面的含义从"合"字中分离出来。

会计中的"计"字是由"十"和"言"这两个字组合而成的。相传在远古时代,人们通常把部落所在地称为中央,把部落的周围区别为四方,即现在所讲的东西南北四方,而中央与四方组合在一起,便构成了"十"字的形状。那时候,每逢出猎,部落里的首领便按照四方分派猎手。分四路出去,而后又按这四路返回部落。按照规定,各路出猎归来必须如实报告捕获猎物的数目,最后由部落首领汇总计算,求得一个总数,以便考虑所获猎物在部落范围内的分配问题。这种零星计算四方收获猎物的举动,便构成了"计"字一方面的含义。由于远古时代尚未发明文字和书写工具,各路出猎者向部落首领报告猎物数目都是用口头语言表达的。不同种类的猎物各是多少,总共是多少,都要求准确、真实地表达出来,不允许隐瞒和虚报。这种口头计算与报告便又构成了"计"字的另一方面的含义。两方面含义的合一,便使"计"字具有正确进行计算的意思。

东汉的《说文解字》对"会计"两字又从字义上做出详解,特别强调了"计"字中含有正确计算之意。"零星算之为计,总合算之为会。"这是对西周时代"会计"概念的正确总结。

小提示

上网搜索一下,你会发现更多关于会计有趣的人和事。

2.2 会计机构

各单位应当根据会计业务的需要,设置会计机构,或者在有关机构中配备专职的会计人员并指定会计主管人员;没有设置会计机构和配备会计人员的单位,应委托会计师事务所或者持有代理记账许可证的其他代理记账机构进行代理记账。

各级部门设置的会计机构名称及职能如表2-2所示。

表2-2 各级部门设置的会计机构名称及职能

各级部门	会计机构名称	职能
财政部	会计司	主管全国的会计工作
地方财政厅、局	会计处、科	管理本地区的会计工作
行业管理部门	财务会计司、处、科	负责管理本系统的会计工作
基层企业	财务会计科、部、组	负责本单位的财务会计工作
企业内部部门(根据需要)	分级设会计机构或指定专人负责	负责各部门的财务会计工作

2.3 会计职业

1. 会计工作岗位

会计工作岗位一般可分为会计机构负责人或者会计主管人员、出纳员、财产物资核算员、工资核算员、成本费用核算员、财务成果核算员、资金核算员、往来结算员、总账报表员、稽核员、档案管理员等。开展会计电算化和管理会计的单位,可以根据需要设置相应的工作岗位,也可以与其他工作岗位相结合。会计工作岗位,可以一人一岗,一人多岗或一岗多人,但不相容职务不能由一人担任,例如,出纳员不得兼任稽核、会计档案保管,以及收入、费用和债权债务账目的登记工作。

2. 会计人员任用

会计人员应当具备从事会计工作所需要的专业能力。担任会计机构负责人或会计主管的人员,应具备会计师以上专业技术职务资格,或具有3年以上会计工作从业经历。国家机关、事业单位聘用会计人员应当实行回避制度,如单位负责人的直系亲属不得担任本单位的会计机构负责人或会计主管人员,会计机构负责人、会计主管人员的直系亲属不得在本单位会计机构中担任出纳。

 资料卡

会计专业职务

会计专业职务是区别会计人员业务技能的技术等级。会计专业职务分为高级会计师、会计师、助理会计师、会计员。高级会计师为高级职务,会计师为中级职务,助理会计师与会计员为初级职务。

初级会计资格、中级会计资格的取得实行全国统一考试制度;高级会计资格的取得实行考试与评审相结合制度。

会计专业技术资格考试是由财政部、人力资源和社会保障部共同组织的。具体考试科目如下:

助理会计师考试科目为《经济法基础》《初级会计实务》。参加初级资格考试的人员,必须在1个考试年度内一次性通过两科考试,方可获得资格证书。

会计师考试科目为《中级会计实务》《财务管理》和《经济法》。参加中级资格考试的人员,应在连续2个考试年度内通过全部科目的考试,方可取得资格证书。

高级会计师考试科目为《高级会计实务》。参加高级资格考试并达到国家合格标准的人员,3年内参加高级会计师资格评审有效。

3. 会计职业道德

职业道德是职业品质、工作作风和工作纪律的综合。会计职业道德是会计人员在会计工作中应当遵循的道德规范。

(1)爱岗敬业。要求会计人员正确认识会计职业,树立爱岗敬业的精神;热爱会计工作,敬重会计职业;安心工作,任劳任怨;严肃认真,一丝不苟;忠于职守,尽职尽责。

(2)诚实守信。要求会计人员做老实人,说老实话,办老实事,不搞虚假;保密守信,不为利益所诱惑;执业谨慎,信誉至上。

（3）廉洁自律。要求会计人员树立正确的人生观和价值观,自觉抵制享乐主义、个人主义、拜金主义;公私分明、不贪不占;遵纪守法,一身正气。

（4）客观公正。要求会计人员依法办事,保持客观公正的态度,实事求是,不偏不倚,如实反映。

（5）坚持准则。要求会计人员熟悉准则,遵循准则,敢于同违法行为作斗争,确保会计信息的真实性、完整性。

（6）提高技能。要求会计人员具有不断提高会计专业技能的意识和愿望,具有勤学苦练的精神和科学的学习方法。

（7）参与管理。要求会计人员努力钻研业务,熟悉财经法规和相关制度,提高业务技能,为参与管理打下坚实的基础:熟悉本单位的经营活动和业务流程,使管理活动更有针对性和有效性。

（8）强化服务。要求会计人员要树立强烈的服务意识,提高服务质量。

 资料卡

全国先进会计工作者

开展全国先进会计工作者评选表彰活动,是为了表彰在经济活动中做出突出业绩和重大贡献的先进会计工作者,树立当代会计工作者楷模,塑造会计行业良好形象,激励广大会计工作者崇尚诚信、依法理财、锐意创新、敬业奉献。

财政部根据《中华人民共和国会计法》及相关法律的规定,制定了《全国先进会计工作者评选表彰办法》。凡认真执行会计法律、法规,模范遵守职业道德,忠于职守、坚持原则、诚实守信、爱岗敬业、廉洁奉公,在会计工作中做出显著成绩,在社会上、行业内得到广泛认同,并具备相应条件的会计工作者,均可参加评选。

 **课后习题**

1. 单项选择题

（1）会计是以（   ）为主要计量单位,运用专门的方法,对各单位的经济活动进行核算和监督的一种管理活动。

  A. 货币   B. 实物   C. 劳动量   D. 重量

（2）担任会计主管人员的,应具备会计师以上专业技术职务资格或者从事会计工作（   ）年以上经历。

  A. 5   B. 10   C. 1   D. 3

2. 多项选择题

（1）会计的基本职能包括（   ）。

  A. 核算   B. 分析

  C. 监督   D. 记录

E. 报告

（2）会计工作岗位一般可分为会计机构负责人和会计主管、（　　　　　）、成本费用核算员、财务成果核算员、资金核算员、往来结算员、总账报表员、稽核员、档案管理员等。

A. 出纳员　　　　　　　　　　B. 仓储管理员

C. 财产物资核算员　　　　　　D. 工资核算员

E. 业务处理员

3. 判断题

（1）会计核算应以企业经营活动的经济事项为对象。　　　　　　（　　）

（2）企业都必须配备专职的会计人员。　　　　　　　　　　　　（　　）

（3）会计工作可以一人一岗，也可以一人多岗或一岗多人，因此，出纳员可以兼任债权债务账目登记、会计档案保管等工作。　　　　　　（　　）

任务 2
参考答案

📖 **课后活动**

回家对家长做一次访谈，了解他们的工作情况，特别了解他们所在单位的会计工作情况。

项目 2
会计基本方法

初次接触会计工作,面对纷繁复杂的业务,该怎么办? 工作该如何开始……

本项目主要介绍会计要素、会计平衡式、借贷记账法、会计科目及其账户结构,以及会计分录的编制、会计核算的基本方法及其关系。

学完本项目,建议做一个家庭调查,列出每天发生的收支事项,尝试将这些事项进行归类,并说明理由。

任务 3 会计要素及会计平衡式

学习要点
- 会计要素
- 会计平衡式

生活的平衡

从前,有一个懒汉,成天游手好闲,总梦想着自己能撞大运,一夜暴富。这天,他碰到一个病恹恹的富豪,富豪叹息自己因身体状况不佳一身抱负无处施展,拥有巨额财富却无福享受。懒汉灵机一动,提议用自己的健康换取富豪的全部财产,富豪欣然同意。

于是,懒汉终于梦想成真,拿着换来的财富,尽情享受,吃好喝好,无忧无虑,还不忘调养身体,想要长命百岁。但是,他依然本性不改,好吃懒做,坐吃山空,没过多久,巨额财富就被挥霍殆尽,懒汉又变成了一个健康的穷光蛋。

而富豪得到健康之后,继续施展自己的抱负,起早贪黑,白手起家,慢慢地积累财富,又重新变得有钱了。与此同时,因为过度劳心劳力,健康被损耗殆尽,富豪又变回了病恹恹的有钱人。

兜兜转转,二人又回到了原点。他们的故事似乎也在告诉我们:世界就像一个隐形的天平,总在以一种独特的方式来维持它的平衡。

有意思的是,如果说懒汉的健康和富豪的财富是天平的两端,二者互换虽没有打破平衡,却也没有完美的结局。但是,如果二人能善用自己的健康和财富,比如健康的懒汉勤劳致富;富豪创造财富的同时保重身体、保持健康,我们会发现,天平两端会实现一个健康和财富双赢的新平衡。

所以,不要再抱怨生活不公平了,不要总说命运没有给我们想要的,而善用一切我们所拥有的吧!

甲、乙、丙三人成立了 A 公司,确定了经营范围是加工各种装饰产品。企业生产产品需要购买材料,购买设备,支付人员工资……这些都需要资金,而资金从哪里来呢? A 公司的资金来源和用途如图 3-1 所示。

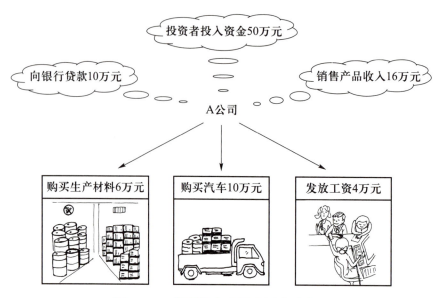

图 3-1　A 公司资金来源和用途示意图

- 在会计上如何反映图 3-1 中 A 公司发生的经济业务？
- 这些经济业务引起了资金哪方面的变化？

3.1　会计要素

会计要素是对会计核算和监督的内容所进行的基本分类。会计要素分为资产、负债、所有者权益、收入、费用和利润六大类。

1. 资产

资产是指过去的交易、事项形成并由企业拥有或控制的经济资源,该资源预期会给企业带来经济利益。资产按流动性分类可分为流动资产和非流动资产,如表 3-1 所示。

表 3-1　资产的分类及说明

资产分类	说　　明
流动资产	是指预计在 1 年（含 1 年）或超过 1 年的一个正常营业周期内变现、出售或耗用的资产。包括货币资金、短期投资、应收及预付款项、存货等
非流动资产	是指流动资产以外的资产。包括固定资产、无形资产等

在图 3-1 中,"投资者投入资金 50 万元""向银行贷款 10 万元""销售产品收入 16 万元",都会形成企业资产。

18

2. 负债

负债是指过去的交易、事项形成的现时义务,履行该义务预期会导致经济利益流出企业。负债按偿还期限的长短分类可分为流动负债和非流动负债,如表 3-2 所示。

表 3-2　负债的分类及说明

负债分类	说　　明
流动负债	它是指将在 1 年(含 1 年)或超过 1 年的一个营业周期内偿还的债务,包括短期借款、应付职工薪酬、应付账款和应交税费等
非流动负债	它是指偿还期在 1 年或超过 1 年的一个营业周期以上的债务,包括长期借款等

在图 3-1 中,"向银行贷款 10 万元"形成了企业的负债。

3. 所有者权益

所有者权益是指资产扣除负债后由所有者享有的剩余权益,其金额等于资产减去负债后的金额。所有者权益的来源包括所有者投入的资本、直接计入所有者权益的利得和损失、留存收益等。所有者权益分类及说明如表 3-3 所示。

表 3-3　所有者权益的分类及说明

所有者权益分类	说　　明
实收资本(股本)	是指投资者按照合同协议约定或相关规定投入的、构成注册资本的部分
资本公积	是指收到的投资者出资额超过其在注册资本或股本中所占份额的部分
盈余公积	是指按照法律规定在税后利润中提取的法定公积金和任意公积金
未分配利润	是指净利润经过弥补亏损、提取法定公积金和任意公积金、向投资者分配利润后,留存在本企业的、历年结存的利润

在图 3-1 中,"投资者投入资金 50 万元"属于企业的实收资本,形成了企业的所有者权益。

4. 收入

收入是指在日常活动中形成的、会导致所有者权益增加、与所有者投入无关的经济利益的总流入。收入按企业经营业务的主次可以分为主营业务收入和其他业务收入,如表 3-4 所示。

表 3-4　收入的分类及说明

收入分类	说　　明
主营业务收入	是指由日常活动中的主营业务形成的收入
其他业务收入	是指除主营业务以外的其他日常活动形成的收入

在图 3-1 中,"销售产品收入 16 万元"形成企业的收入。

5. 费用

费用是在日常活动中发生的、会导致所有者权益减少、与向所有者分配利润无关的经济利益的总流出。费用包括营业成本、税金及附加、销售费用、管理费用、财务费用等，如表 3-5 所示。

表 3-5　费用的分类及说明

费用分类	说　明
营业成本	是指销售商品、提供劳务的成本
税金及附加	是指除企业所得税、增值税以外的各种税金及附加
销售费用	是指在销售商品或提供劳务过程中发生的各种费用
管理费用	是指为组织和管理生产经营过程中发生的各种费用
财务费用	是指为筹集生产经营所需资金等而发生的费用

在图 3-1 中，"购买生产材料 6 万元"形成企业应计入产品成本的直接费用。

6. 利润

利润是指企业在一定期间的经营成果，在数量上等于企业该期间各项收入抵减各项支出后的净额。企业利润如果是正值，表示企业盈利；若是负值，则表示企业亏损。利润按其构成可以划分为营业利润、利润总额和净利润，如表 3-6 所示。

表 3-6　利润的分类及说明

利润分类	说　明
营业利润	是指营业收入减去营业成本、税金及附加、销售费用、管理费用、财务费用，加上投资收益后的金额
利润总额	是指营业利润加上营业外收入，减去营业外支出后的金额
净利润	是指利润总额减去所得税费用后的金额

3.2　会计平衡式

1. 资产 = 权益

资产与权益是同一资金的两个方面，所以，企业有多少资产，就有多少相应的权益，如图 3-2 所示。用公式表示为：

　　资产 = 权益

在图 3-1 中，"投资者投入资金 50 万元"，一方面表示企业所有者权益为 50 万元，另一方面表示企业的货币资金为 50 万元。从价值量来看，资产与权益是平衡的。

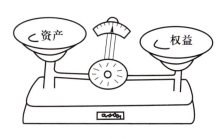

图 3-2　资产 = 权益

2. 资产 = 负债 + 所有者权益

权益包括债权人权益和投资人权益,债权人对企业资产的要求权称为负债,投资人对企业资产的要求权称为所有者权益,因此,"资产 = 权益"平衡式又可写成:

资产 = 负债 + 所有者权益

企业发生经济业务所引起的资产与权益的变化关系有 4 种类型,如表 3-7 所示。

表 3-7 资产与权益的变化关系 单位:万元

序号	类型	业务举例	资产变化	权益变化	
				负债	所有者权益
1	资产与权益同时增加	投资者投入资金 50 万元	+50		+50
2	资产与权益同时减少	发放职工工资 4 万元	−4	−4	
3	资产之间有增有减	购买汽车 10 万元	+10 −10		
4	权益之间有增有减	年终分配股东股利 8 万元		+8	−8
	合计		46	46	

可见,任何经济业务的发生都不会破坏"资产 = 负债 + 所有者权益"这一基本会计平衡式。"资产 = 负债 + 所有者权益"平衡式是设置账户、复式记账和编制财务报表等会计核算方法的理论依据。

生活中的会计要素和等式

3. 收入 – 费用 = 利润

企业在生产经营活动中,首先要将拥有的资产投入运营,需要支出各种费用,如人员劳务费、耗用各种物资等,然后才会取得企业收入,如产品销售收入。当收入大于费用时,则表示企业有收益(利润);当收入小于费用时,则表示企业发生经营亏损。用公式表示为:

收入 – 费用 = 利润

4. 资产 = 负债 + 所有者权益 +(收入 – 费用)

利润归属于所有者的净资产,利润增加,所有者权益就增加,与之相联系的资产也同样增加。相反,企业因亏损而减少资产,所有者也就相应地减少了享有企业资产的权益,所有者权益就会减少。由此,会计基本平衡式的扩充式为:

资产 = 负债 + 所有者权益 + 利润
资产 = 负债 + 所有者权益 +(收入 – 费用)

这一会计平衡式反映了企业在会计期间内任一时刻(未结算前)的财务状况和经营情况。

课后习题

1. 单项选择题

（1）属于流动资产的是（　　　）。

　　A. 银行借款　　　　B. 固定资产　　　　C. 无形资产　　　　D. 应收账款

（2）属于负债的是（　　　）。

　　A. 应收账款　　　　B. 短期借款　　　　C. 本年利润　　　　D. 库存商品

2. 多项选择题

（1）属于资产的有（　　　）。

　　A. 存放在保险柜中的现金　　　　　　B. 房屋

　　C. 应偿还给银行的借款　　　　　　　D. 应上缴给国家的税金

　　E. 仓库存放的材料

（2）以银行存款偿还所欠供应商货款 5 000 元，说法正确的有（　　　）。

　　A. 资产增加 5 000 元　　　　　　　B. 资产减少 5 000 元

　　C. 权益增加 5 000 元　　　　　　　D. 权益减少 5 000 元

　　E. 资产、权益无变化

任务 3
参考答案

（3）公式正确的是（　　　）。

　　A. 资产 = 负债 + 所有者权益　　　B. 收入 – 费用 = 利润

　　C. 资产 = 权益　　　　　　　　　　D. 资产 = 负债 + 所有者权益 +（收入 – 费用）

　　E. 资产 = 所有者权益

✏️ 课后活动

　　制作一张左边为资产、右边为权益（或负债和所有者权益）的小棋盘，用一些硬币大小的圆形纸片写上金额，将导学案例的经济业务，用小圆形纸片在棋盘上表现出来，观察棋盘上反映的资金变化规律。

任务4 借贷记账法

学习要点

● 借贷记账法的概念和基本特点
● 会计科目、账户及账户结构
● 借贷记账法的运用

课堂思政

人生的"背篓"

有位中年人觉得自己的日子过得非常沉重,生活压力太大,想要寻求解脱的方法,因此去向一位禅师求教。

禅师给了他一个篓子,要他背在肩上,并指着前方一条坎坷的道路说:"每当你向前走一步,就弯下腰来捡一颗石子放到篓子里。"中年人照着禅师的指示,每走一步就往背篓里加一块石头。慢慢地,篓子里的石头越来越多,背篓也越来越重,当他走到半路时,篓子已经重得背不动了。

这时,禅师过来问他:"这一路走来有什么感受?"中年人回答:"感觉越走越沉重。"禅师笑了笑说:"每一个人来到这个世上时,背着的都是一个空篓子。但是每往前走一步,就会往篓子里装一样自己想要的东西,得到的越多,背负的自然越重,也就有了越来越累的感觉。"中年人又问:"那么有什么方法可以减轻人生的重负呢?"禅师反问他说:"你是否愿意舍弃名声、财富、家庭、事业、朋友呢?"那人一时语塞。

这个故事告诉我们,想要得到和拥有一样事物,就得付出相应的努力,背负相应的责任。欲戴其冠,必先承其重。而当你觉得自己一无所有的时候,也不要灰心,要相信:努力终有回报,一分耕耘,就会有一分收获。

导学案例

今天是公司职工报销日,出纳员小董要去开户银行提取现金 20 000 元……

 **想一想**

● 在会计核算上如何描述小董去银行提取现金这一经济事项?
● 上述业务涉及哪些会计要素的变化?

我国《小企业会计准则》明确规定,企业单位对所发生的经济事项进行会计核算采用借贷记账法。

4.1 借贷记账法的概念和基本特点

1. 借贷记账法的概念

借贷记账法是以"借"和"贷"为记账符号,以会计平衡式为依据,对于每项经济业务都以相等的金额在两个或两个以上相互联系的账户中进行登记的一种记账方法。

2. 借贷记账法的基本特点

(1)以"借"和"贷"为记账符号。它们仅仅表示记账符号,而不具有任何内在的含义。

(2)记账规则是"有借必有贷,借贷必相等"。借贷记账法对每笔经济业务都至少在两个账户中记录,而且借与贷的金额相等。

小提示

有借必有贷,借贷必相等。这一记账规则一定要记住哦!

资料卡

"借"和"贷"的由来

借贷记账法是最先应用在中世纪意大利的金融业中。那时,借贷资本家按债权和债务关系开设户头。当货币商取得货币时,记在按债权人姓名开设的账户"贷主",表示"欠人款项";当货币商出借货币时,记在按债务人姓名开设的账户"借主",表示"人欠款项"。但"借"和"贷"的本来含义并没有流行多久。随着社会经济的不断发展,借贷记账法不仅应用于金融业,而且应用于工商业、行政事业等各个单位,这时,"借"和"贷"两字的本来含义就越来越不适应经济发展的需要,所以它逐渐脱离原有的含义,变成了纯粹的记账符号。

4.2 会计科目、账户及账户结构

1. 会计科目

会计科目是按照经济业务的内容和经济管理的要求,对会计要素所做的进一步分类的项目。

会计科目按其所反映的经济内容,可分为资产类、负债类、所有者权益类、成本类和损益类。

我国小企业会计制度规定,总账科目由财政部统一制定,明细科目除会计制度规定设置的以外,企业可根据实际需要自行设置。另外,为方便应用会计软件,国家统一会计制度对一级会计科目进行了统一编号,如"1001"表示"库存现金"科目。

表4-1是参照《小企业会计准则》编制的简明会计科目表。

表 4-1　简明会计科目表

编号	名称	编号	名称
	（一）资产类		（三）所有者权益类
1001	库存现金	3001	实收资本
1002	银行存款	3002	资本公积
1121	应收票据	3101	盈余公积
1122	应收账款	3103	本年利润
1123	预付账款	3104	利润分配
1221	其他应收款		（四）成本类
1402	在途物资	4001	生产成本
1403	原材料	4101	制造费用
1405	库存商品		（五）损益类
1601	固定资产	5001	主营业务收入
1602	累计折旧	5051	其他业务收入
1701	无形资产	5111	投资收益
	（二）负债类	5301	营业外收入
2001	短期借款	5401	主营业务成本
2202	应付账款	5402	其他业务成本
2211	应付职工薪酬	5403	税金及附加
2221	应交税费	5601	销售费用
2232	应付利润	5602	管理费用
2241	其他应付款	5603	财务费用
2501	长期借款	5711	营业外支出
		5801	所得税费用

2. 账户

账户是根据会计科目开设的,用来连续记录经济业务,全面反映资产、负债、所有者权益增减变化情况及其结果。

3. 账户结构

账户基本结构包括"借方""贷方"和"余额"三部分。不同类型的账户,借方、贷方表示的意义不同:有的账户用借方表示增加额,贷方表示减少额;相反,有的账户用贷方表示增加额,借方表示减少额。至于账户哪一方登记增加额,哪一方登记减少额,取决于账户的性质。每个账户增减额及余额之间存在以下关系式:

期末余额 = 期初余额 + 本期增加额 – 本期减少额

为了便于学习,下面用"丁"字形表示账户结构,丁字的左方表示借方,右方表示贷方,余额因账户类型不同而所在方向不同。

（1）资产类账户。

借贷记账法

25

借方	资产类账户	贷方
期初借方余额 本期增加额	本期减少额	
期末借方余额		

期末借方余额＝期初借方余额＋本期借方发生额－本期贷方发生额

（2）负债及所有者权益类账户。

借方	负债及所有者权益类账户	贷方
本期减少额	期初贷方余额 本期增加额	
	期末贷方余额	

期末贷方余额＝期初贷方余额＋本期贷方发生额－本期借方发生额

（3）收入类账户。

借方	收入类账户	贷方
本期减少额 本期转出额	本期增加额	
	期末一般无余额	

（4）成本费用类账户。

借方	成本费用类账户	贷方
本期增加额	本期减少额 本期转出额	
期末一般无余额		

值得注意的是：损益类会计科目分为收入类会计科目和成本费用类会计科目，它们有不同的账户结构。收入类和成本费用类账户借方或贷方转出额是根据另一方发生额确认的，所以这些账户通常无余额。

各类账户结构归纳如表4-2所示。

表4-2　各类账户结构归纳表

账户类别	期初余额	借方登记	贷方登记	期末余额
资产类账户	借方余额	增加	减少	借方余额
成本费用类账户	一般无余额	增加	减少	一般无余额
负债类账户	贷方余额	减少	增加	贷方余额
所有者权益类账户	贷方余额	减少	增加	贷方余额
收入类账户	一般无余额	减少	增加	一般无余额

4.3 借贷记账法的运用

1. 编制会计分录

会计分录是确定某项经济业务应借应贷账户名称、方向及金额的一种记录,会计分录是记账凭证的基本内容。

下面以"出纳员到银行提取现金 20 000 元"为例,介绍编制会计分录的基本步骤,如表 4-3 所示。

表 4-3　会计分录编制步骤

基本步骤	分析	
① 分析确定经济业务涉及的账户	库存现金	银行存款
② 明确账户的性质	资产	资产
③ 分析所涉及账户是增加还是减少	增加	减少
④ 确立记账的方向	借方	贷方
⑤ 计算每个账户对应的金额	20 000 元	20 000 元
⑥ 运用"有借必有贷,借贷必相等"的记账规则验证会计分录	借:库存现金　　20 000 贷:银行存款　　20 000	

习惯上,会计分录的书写先写借方的记账符号、科目和金额,再在其下方向右错开两个汉字的位置写贷方的记账符号、科目和金额,金额与会计科目之间至少空一个汉字的位置,贷方金额最好向右与借方金额错开。金额用阿拉伯数字,数字后不写货币单位。表 4-4 为编制会计分录举例。(暂不考虑税金问题)

表 4-4　会计分录编制举例

序号	经济业务	分析 (账户→性质→增减→方向→金额)	会计分录
1	从银行提取现金 20 000 元备用	库存现金→资产类→增加→借方→ 20 000 元 银行存款→资产类→减少→贷方→ 20 000 元	借:库存现金　　20 000 　贷:银行存款　　20 000
2	购买材料 7 800 元,材料已经入库,款项尚未支付	原材料→资产类→增加→借方→ 7 800 元 应付账款→负债类→增加→贷方→ 7 800 元	借:原材料　　7 800 　贷:应付账款　　7 800
3	向银行借入 3 个月的借款 50 000 元,款项已存入账户	银行存款→资产类→增加→借方→ 50 000 元 短期借款→负债类→增加→贷方→ 50 000 元	借:银行存款　　50 000 　贷:短期借款　　50 000

序号	经济业务	分析 （账户→性质→增减→方向→金额）	会计分录
4	以存款3000元偿还所欠供应商昌明公司的货款	银行存款→资产类→减少→贷方→3000元 应付账款→负债类→减少→借方→3000元	借：应付账款　3000 　贷：银行存款　3000
5	以600元现金支付管理部门的设备维修费	管理费用→费用类→增加→借方→600元 库存现金→资产类→减少→贷方→600元	借：管理费用　600 　贷：库存现金　600
6	收到客户利达公司归还前欠货款3400元,已存入账户	银行存款→资产类→增加→借方→3400元 应收账款→资产类→减少→贷方→3400元	借：银行存款　3400 　贷：应收账款　3400
7	销售甲产品收入8500元,款项尚未收到	应收账款→资产类→增加→借方→8500元 主营业务收入→收入类→增加→贷方→8500元	借：应收账款　8500 　贷：主营业务收入　8500
8	以银行存款支付上月职工工资40000元	银行存款→资产类→减少→贷方→40000元 应付职工薪酬→负债类→减少→借方→40000元	借：应付职工薪酬　40000 　贷：银行存款　40000
9	职工张强出差,预借差旅费3000元,以现金支付	库存现金→资产类→减少→贷方→3000元 其他应收款→资产类→增加→借方→3000元	借：其他应收款　3000 　贷：库存现金　3000
10	张强出差回来报销差旅费2980元,返回现金20元	库存现金→资产类→增加→借方→20元 管理费用→费用类→增加→借方→2980元 其他应收款→资产类→减少→贷方→3000元	借：库存现金　20 　　管理费用　2980 　贷：其他应收款　3000

2. 登记账户

登记账户就是将会计分录的数据过入到对应的账户中去,每月末结出各账户的余额。实际工作是在具体的账簿中操作。下面根据表4-4编制的会计分录资料,介绍"银行存款"账户和"应付账款"账户的"丁"字账登记。

假设"银行存款"账户期初借方余额120000元,"应付账款"账户期初贷方余额3000元。

借方	银行存款		贷方
期初余额:	120000	①	20000
③	50000	④	3000
⑥	3400	⑧	40000
本期发生额:	53400	本期发生额:	63000
期末余额:	110400		

借方	应付账款		贷方
		期初余额:	3000
④	3000	②	7800
本期发生额:	3000	本期发生额:	7800
		期末余额:	7800

3. 试算平衡

试算平衡是利用借贷相等的平衡关系检查账户记录的一种方法。在借贷记账法下,对每一项业务都按"有借必有贷,借贷必相等"的原则记录,因此,一定会计期间,当所有经济业务全部登记入账后,必然存在:

所有账户的本期借方发生额之和 = 所有账户的本期贷方发生额之和

账户期初余额的关系如表4-5所示。

表4-5 账户期初余额表　　　　　　　　　　　　　　　　　　　　单位:元

账户名称	借方余额	账户名称	贷方余额
库存现金	500	短期借款	5 000
银行存款	120 000	应付账款	3 000
应收账款	3 400	应付职工薪酬	40 000
原材料	1 100	应交税费	200
库存商品	4 200	实收资本	140 000
固定资产	65 000	本年利润	6 000
合计	194 200	合计	194 200

根据会计平衡式和账户的结构,可以判断:

所有账户的期初借方余额之和 = 所有账户的期初贷方余额之和

同时可计算出所有账户期末余额之间存在以下关系:

所有账户的期末借方余额之和 = 所有账户的期末贷方余额之和

试算平衡通常是通过编制试算平衡表来进行的。根据表4-4会计分录编制举例、表4-5账户期初余额,编制试算平衡表,如表4-6所示。

表4-6 试算平衡表　　　　　　　　　　　　　　　　　　　　　　单位:元

账户名称	期初余额		本期发生额		期末余额	
	借方	贷方	借方	贷方	借方	贷方
库存现金	500		20 020	3 600	16 920	
银行存款	120 000		53 400	63 000	110 400	
应收账款	3 400		8 500	3 400	8 500	
原材料	1 100		7 800		8 900	
库存商品	4 200				4 200	
固定资产	65 000				65 000	
短期借款		5 000		50 000		55 000
应付账款		3 000	3 000	7 800		7 800

账户名称	期初余额		本期发生额		期末余额	
	借方	贷方	借方	贷方	借方	贷方
应付职工薪酬		40 000	40 000			
应交税费		200				200
实收资本		140 000				140 000
本年利润		6 000				6 000
其他应收款			3 000	3 000		
主营业务收入				8 500		8 500
管理费用			3 580		3 580	
合计	194 200	194 200	139 300	139 300	217 500	217 500

值得注意的是,即使试算平衡,也不能说明记账完全正确,例如,重记或漏记一笔分录,试算依然平衡。

 **课后习题**

1. 单项选择题

(1)某企业期初有原材料 5 000 元,本月购进材料入库 4 000 元,生产领用材料 3 200 元。"原材料"账户余额是(   )。

    A. 借方 4 200 元   B. 借方 5 800 元

    C. 贷方 4 200 元   D. 贷方 5 800 元

(2)关于负债类账户的结构,说法正确的是(   )。

    A. 增加在借方,减少在贷方,余额在借方

    B. 增加在贷方,减少在借方,余额在借方

    C. 增加在贷方,减少在借方,余额在贷方

    D. 增加在借方,减少在贷方,余额在贷方

(3)购买材料 3 500 元已经入库,款项尚未支付。该笔业务正确的会计分录是(   )。

    A. 借:原材料　　　3 500   B. 借:原材料　　　3 500

        贷:应付账款　3 500   贷:银行存款　3 500

    C. 借:应付账款　3 500   D. 借:原材料　　　3 500

        贷:原材料　　　3 500   贷:应收账款　3 500

2. 多项选择题

(1)以存款 50 000 元偿还向银行借的半年期款项,该笔业务引起的变化有(   )。

    A. 银行存款增加 50 000 元   B. 银行存款减少 50 000 元

    C. 短期借款增加 50 000 元   D. 短期借款减少 50 000 元

E. 银行存款、短期借款无变化

（2）在复式记账法下,账户借方登记的有(　　　　)。

A. 资产增加 　　　　　　　　 B. 负债增加

C. 费用减少 　　　　　　　　 D. 所有者权益减少

E. 收入增加

（3）账户的基本结构包括(　　　　)。

A. 增加额 　　　　　　　　 B. 减少额

C. 余额 　　　　　　　　　 D. 发生额

E. 摘要

任务4
参考答案

 技能训练

根据下列经济业务,编制会计分录:

（1）从银行提取现金 3 500 元备用。

（2）用银行存款 20 000 元购买 A 材料(暂不考虑税费问题),材料已经验收入库。

（3）用银行存款 4 500 元偿还欠供应商利华公司的货款。

（4）用银行存款 2 400 元支付管理部门的办公费。

（5）向银行借入半年期的借款 65 000 元,已存入账户。

 课后活动

举办一次会计科目背诵比赛,看谁记得又快又准。

任务5　会计核算方法

学习要点
- 会计核算方法
- 会计核算工作过程

中国古代会计成就辉煌

古代中国,早在周朝就有了庞大的会计主管机关——司会,官员多达79人。公元9年王莽当政时对酒的成本、利润有精确的计算,按照材料成本确定产品价格,并实行联系产量的盈利、费用、工资包干制。这种精密的成本核算,中世纪以前的欧洲尚无记载。在欧洲,用于确定产品价格的成本核算,出现于19世纪下半叶,比我国晚了1 800多年。而过去流行于全国民间的成本核算方法——"捞锅底账",早在公元前100多年就已具雏形。在记账方法上,公元11世纪的宋朝已有三脚账、四脚账一类的复式记账法,其源可上溯到公元前100多年,有江陵十号汉墓简牍为证,也早于欧洲。

中华传统文化源远流长,积淀着中华民族最深沉的精神追求,是当代中国最深厚的文化软实力。在现当代,作为新时代的青年,我们要坚定文化自信和民族自信,正确看待本国的文化和其他国家的文化,树立正确的文化观。要加强中华优秀传统文化的教育和传播,牢固树立起民族自尊心和自信心,形成认同中华文化的时代意识和实现中华民族伟大复兴的使命意识。

导学案例

小芳同学很想了解企业会计工作,恰好老师带全体同学参观某单位的财务部门。老师带同学们来到财务部,两位财务工作人员热情地接待了他们,张女士负责会计工作,陈女士负责出纳工作。图5-1为小芳及同学们参观财务部的活动情景。

两位财务工作人员边介绍情况,边拿出一些会计资料交给小芳及同学们看。参观了一天,小芳及同学们收获非常大,初步明白了会计工作在企业经营管理中的作用。

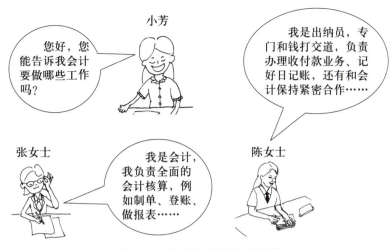

图 5-1　参观财务部活动情景

想一想

- 会计核算工作包括哪几个环节?
- 在会计核算过程中要用到哪些会计资料?

5.1　会计核算方法

　　会计核算方法是指对各企业经济活动进行连续、系统、全面地核算所应用的一套专门方法,具体包括设置会计科目和账户、复式记账、填制审核会计凭证、登记账簿、成本计算、财产清查、编制财务报表等,如表 5-1 所示。

表 5-1　会计核算方法的种类及说明

方法	说　明
设置会计科目和账户	是指通过会计科目和账户对各企业经济活动的具体内容进行分类核算和监督的方法
复式记账	是指对每一会计事项必须以相等的金额,同时在两个或两个以上相互联系的账户中登记的专门方法
填制审核会计凭证	是指通过对凭证这一书面依据的填制和审核来连续核算和监督每一项经济活动和财务收支的专门方法
登记账簿	是指根据审核无误的会计凭证,在账簿上连续、系统、全面地记录和反映的专门方法
成本计算	是指计算与经营过程有关的全部费用,并按一定的对象进行归集,以确定各对象的总成本和单位成本的专门方法
财产清查	是指通过对实物的盘点和账项的核对来查明单位财产的实有数额,做到账实相符的专门方法
编制财务报表	是指通过编制一些书面文件而向有关方面和有关部门提供财务状况和经营成果的专门方法

会计核算方法

以上会计核算方法运用在会计核算工作中,与会计工作相互联系,紧密结合,形成了一个完整的方法体系。

5.2 会计核算工作过程

会计核算工作的基本过程如图5-2所示。

（1）建立账簿体系。新会计年度开始或单位新成立时,都需要建账。这一环节的工作包括购置新账本、会计凭证等会计核算用品,并运用"设置会计科目和账户"会计核算方法,根据企业的经营范围及业务内容来确定账簿种类和各账户的账页格式,并结转各账户的上年余额。对于新成立的单位,建账时每个账户的期初余额为零。实行会计电算化的企业,应该在"创建账套"和"定义会计科目"功能中建立本企业的账簿体系。

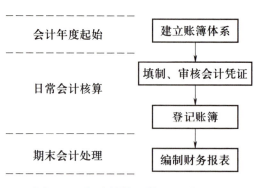

图5-2 会计核算工作的基本过程

（2）填制审核会计凭证。企业会计人员根据原始凭证获取经济业务信息,并判断业务性质,运用"复式记账"和"成本计算"方法,将其记载到记账凭证中,并进行审核。

（3）登记账簿。会计人员将零散的记账凭证登记到会计账户中。这些账簿的账户及账页格式已在年初设定。

（4）编制财务报表。会计期间终了时,会计人员应运用"财产清查"方法进行账目核对和财产清查,保证记录准确,账实相符,然后再运用"编制财务报表"方法编制报表,并进行财务分析。

在实际工作中,会计核算工作的结果都具体体现在各种文字资料中,这些文字资料就是会计资料。会计资料是指记录和反映企业实际发生的经济业务活动的专业性资料,包括会计凭证、会计账簿、财务会计报告和其他书面资料。

单项选择题

（1）对每一会计事项以相等的金额在两个或两个以上相互联系的账户中登记的专门方法称为（　　）。

A. 设置账户　　　　　　　　　B. 登记账簿

C. 复式记账　　　　　　　　　D. 填制凭证

（2）填制会计凭证和登记账簿,属于会计核算工作的（　　）。

A. 会计年度起始工作　　　　　B. 日常会计核算工作

C. 期末会计处理工作　　　　　D. 会计中期工作

任务 5
参考答案

课后活动

● 向从事财务工作的家人、亲戚或朋友了解会计工作过程。

● 到商店去看看各种会计用品，如财会用具、账簿、凭证等，还可以在老师的指导下，购买一些凭证和账簿，为后续练习做准备。

项目 3
会计基本工作过程

当会计人员面对公司一大堆待处理的财务单据和经济业务时,首先应当按照正规的会计核算程序进行核算,保证会计工作质量。

本项目主要介绍会计工作的基本过程、会计凭证的填制、账簿登记的基本方法,以及账簿之间的联系、财务报表的编制方法及报表项目之间的勾稽关系,以及通过会计资料获取财务信息。

学完本项目,建议将家里每天发生的经济业务进行归类,并加以核算。

任务6　建立账簿体系

学习要点

- 账簿的概念
- 账簿按外表形式分类
- 账簿按用途分类
- 账簿按所使用的账页格式分类
- 账簿的启用规则
- 启用新账

课堂思政

"不翼而飞"的账簿

2021年,武汉市税务局稽查局对某汽车配件公司2017—2021年的纳税情况实施检查。当检查人员来到该公司,要求企业提供近年来的账簿时,该公司只提供了2020—2021年的账簿资料,至于2017—2019年的账簿,声称已被盗丢失,却无法提供相关的报案记录。

在无法通过账簿了解被查单位涉税记录的情况下,检查人员根据已有账簿资料,结合"综合数据管理系统"内企业申报信息,对其上、下游业务企业的往来情况进行内查外调,深入该公司车间现场勘察,获取了企业生产工艺、业务流程、销售方式及厂房权属等重要涉税信息。

经查该公司确实存在偷税漏税行为,武汉市税务局稽查局依法责令该公司补缴税款、滞纳金、罚款合计200余万元,给国家挽回了损失。另外,针对该公司隐匿会计资料,不配合检查的阻挠税务检查行为,处1万元的罚款。

现实生活中,很多企业一听到税务稽查,犹如耗子遇见猫,有些是反应过度,有些是心虚所致。其实企业遇上税务稽查,是一种常见的现象。企业在面对税务稽查的时候,一定要积极配合,没有问题,坦然面对;如果有问题,更要在第一时间坦白从宽,这也是将处罚降到最低的机会,千万不能错过。一定不要有拖、拒、毁这些行为,切莫将小事变成大事,大事变得无法收拾。

导学案例

12月的一天,办公室文员小王与会计小张一起去商店购买办公用品。小张提出要买一本总账、两本日记账、三本明细账……小王不解地问:"怎么要买这么多账簿?难道原来的账簿都用完了吗?"小张回答道:"我们每年都要建新账,启用新账簿。"小王更不理解了……

企业应用账簿的情景如图 6-1 所示。

图 6-1　企业应用账簿的情景

 想一想

- 企业应在何时建账呢?
- 每个单位应启用什么类型的账簿?
- 不同格式的账簿提供的会计信息有什么不同?

建账是会计工作的首要环节。按会计法规定,各企业、行政事业单位必须依法设置会计账簿,应当设置总账、明细账、日记账及其他辅助性账簿,并保证其真实、完整。

6.1　账簿的概念

账簿是由具有一定格式的账页组成的簿籍,以会计凭证为依据,连续、全面、系统、综合地记录和反映经济业务引起的各项资产和权益增减变动情况和结果的财务会计信息资料。

6.2　账簿按外表形式分类

会计工作中使用的账簿,其种类和结构是多种多样的,记录和反映的内容也不完全一样。为了便于了解、掌握和使用各种账簿,需要对账簿进行分类。

按照外表形式,可以将账簿划分为订本式账簿、活页式账簿和卡片式账簿 3 种,如表 6-1 所示。

表 6-1　账簿按照外表形式进行分类

类别	示例	说明	优点	缺点
订本式账簿	图 6-2	启用时已固定装订成册	可以避免账页散失,防止随意抽换账页,确保会计档案的真实性和完整性	不能增减账页,容易造成预留账页不够或过多
活页式账簿	图 6-3	启用前将所需的零散账页按一定顺序装在账夹内。在年终使用完毕后,必须将这些活动账页整理归类并装订成册	可以随时增减账页	容易散失或被抽换
卡片式账簿	图 6-4	由具有专门格式、使用分散的卡片作为账页组成的账簿。一般放在卡片夹内	紧随实物存放,便于及时记录	容易散失或被抽换

认识账簿

图 6-2　订本式账簿

图 6-3　活页式账簿

材料卡片账

卡片编号:

材料二级科目:　　　　　　　　　　　　　　　　　　　　存放地点:

材料类别:　　　　　　　　　　　　　　　　　　　　　　　最高储备量:

材料编号:　　　　　　　　　　　　　　　　　　　　　　　最低储备量:

材料名称规格:　　　　　　　　　　　　　　　　　　　　　计量单位:

年		凭证		收入数量	发出数量	结存数量	稽核	
月	日	名称	编号				日期	签章
		本月合计						

记账:

图 6-4　卡片式账簿

6.3　账簿按用途分类

按照用途可以将账簿划分为日记账簿、分类账簿和备查账簿 3 种，其中分类账簿又分为总分类账簿和明细分类账簿两种。如表 6-2 所示。

表 6-2　账簿按照用途分类

账簿种类	概念	用途	说明
日记账簿	是指按照经济业务发生或完成的时间先后顺序，逐日逐笔进行登记的账簿，包括库存现金日记账、银行存款日记账	作为经济业务的原始序时记录，便于随时查阅经济业务发生或完成的情况	订本式账簿
分类账簿	是指用来分类记录企业全部经济业务发生情况及其结果的账簿，分为总分类账簿（简称总账）、明细分类账簿（简称明细账）		由会计人员负责登记和保管
总分类账簿	是根据统一规定的总账科目设置的	用以记录全部经济业务总括情况的账簿	活页式账簿
明细分类账簿	是根据明细科目或企业管理的实际需要设置的	用于分类、连续地记录某一类经济业务的详细情况的账簿	活页式账簿
备查账簿	是对某些不能在日记账或分类账中记录的事项进行记录的账簿	为便于查考而做辅助性的登记	各单位根据实际需要设置，不一定每个单位都要设置

6.4　账簿按所使用的账页格式分类

按照所使用的账页格式可以将账簿划分为三栏式账簿、多栏式账簿、数量金额式账簿和横线登记式账簿，如表 6-3 和图 6-5 ～图 6-8 所示。

表 6-3　账簿按照所使用的账页格式分类

种类	示例	适用范围
三栏式账簿	图 6-5	适用于只需要进行金额核算的账户，例如，总分类账和往来款项的明细分类账
多栏式账簿	图 6-6	适用于在明细账户中仍需进一步分项目具体反映的经济业务，如"生产成本""管理费用"等明细分类账
数量金额式账簿	图 6-7	适用于既需要进行金额核算又需要进行数量核算的账户，如"原材料""库存商品"等明细分类账
横线登记式账簿	图 6-8	适用于同一行内记载某一经济业务从发生到结束的进程，如"其他应收款"明细分类账

总分类账

总页数	
本户页数	

科目_____

年		凭证号数	摘要	借方										贷方										借或贷	余额									
月	日			千	百	十	万	千	百	十	元	角	分	千	百	十	万	千	百	十	元	角	分		千	百	十	万	千	百	十	元	角	分

图 6-5 三栏式账簿

生产成本明细账

总页数	
本户页数	

投产日期_____　计划工时_____　科目名称_____

完工日期_____　实际工时_____　生产批号_____

完成产量____　数量____　产品规格____　生产车间_____

产品名称_____

年		凭证号数	摘要	借方发生额										成本项目																														
														直接材料										直接人工										制造费用									
月	日			千	百	十	万	千	百	十	元	角	分	千	百	十	万	千	百	十	元	角	分	千	百	十	万	千	百	十	元	角	分	千	百	十	万	千	百	十	元	角	分

图 6-6 多栏式账簿

原材料明细账

总页数	
本户页数	

最高存量_____

最低存量_____

编号_____　规格_____　单位(　　) 名称_____

年		凭证号数	摘要	账页	借方												贷方												结存												稽核
					数量	单价	金额										数量	单价	金额										数量	单价	金额										
月	日						百	十	万	千	百	十	元	角	分			百	十	万	千	百	十	元	角	分			百	十	万	千	百	十	元	角	分	

图 6-7 数量金额式账簿

其他应收款明细账

总页数	
本户页数	

明细科目: _____

借方(借支)											贷方(报销和收回)																	结清
年		凭证		户名	摘要	金额						年		凭证		摘要	报销金额						收回金额					
月	日	字	号			千	百	十	元	角	分	月	日	字	号		千	百	十	元	角	分	千	百	十	元	角	分

图 6-8　横线登记式账簿

6.5　账簿的启用规则

账簿是各单位的重要经济档案,为了保证账簿记录资料的真实性、合法性和完整性,明确记账责任,在账簿启用时,应首先填写各类账簿扉页中的"账簿启用登记及经管人员一览表",其格式如图 6-9 所示;其次,填写账户目录,包括每个账户的名称和页次。

小提示

无论哪种账簿,启用时都应先填写扉页。

账簿启用登记及经管人员一览表

用户名称							
账簿名称							
账簿编号	第　　号			公　章			
账簿页数	本账簿共计　　页						
启用日期	年　月　日						
截止日期	年　月　日						
经管人	负责人		主管会计		复核		记账
	姓名	盖章	姓名	盖章	姓名	盖章	姓名	盖章

交接记录						
交接人		交接日期	交接盖章	监交人员		
姓名	职务			职务	姓名	
		经管　年 月 日				
		交出　年 月 日				
		经管　年 月 日				
		交出　年 月 日				
		经管　年 月 日				
印花税票						

图 6-9　账簿启用登记及经管人员一览表

印 花 税

印花税是对经济活动和经济交往中书立、使用、领受具有法律效力的应税凭证的单位和个人征收的一种税,因其采取在账簿上粘贴印花税票完税而得名。按规定,对于记载单位资金的账簿,单位刚成立启用新账,按实收资本、资本公积合计金额的0.25‰贴花,以后每年按实收资本和资本公积增加金额的0.25‰贴花,若实收资本和资本公积未增加的,免贴印花。

启用新账簿时企业应计算应纳税额后,自行向税务机关购买印花税票,然后一次贴足印花税票并加以注销或画销。

6.6 启用新账

启用新账,俗称"开账",是指会计人员在填写账簿扉页后,在账页内确定相关账户的登记位置。单位一般在如下情形下启用新账:

第一种情形:按规定从事生产、经营的纳税人应当自领取营业执照或者发生纳税义务之日起15日内设置账簿,在新账簿账页内,按所需使用的账户名称开设相应账户后,对发生的业务进行登记。

第二种情形:新会计年度开始时,单位一般应对总分类账、日记账和明细分类账账簿进行重新启用,开设相应的账户,将上一年度各账户的余额结转到下一会计年度对应的新账户中。下面以总分类账账簿中的"应收账款"账户为例介绍新会计年度"开账"方法,如图6-10所示。

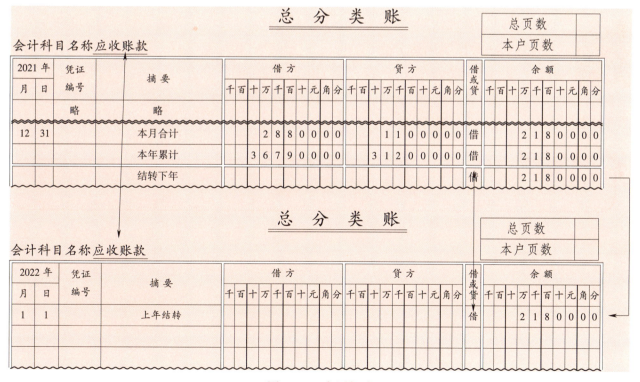

图6-10 启用新账

 课后习题

1. 单项选择题

（1）启用前将所需的零散账页按一定顺序装在账夹内，在年终使用完毕后，必须将账页整理归类并装订成册。这种账簿是（ 　　　）。

    A. 订本式账簿　　　　　　　　　　B. 活页式账簿

    C. 卡片式账簿　　　　　　　　　　D. 总账账簿

（2）根据总分类科目设置，用于记录全部经济业务总括情况的账簿是（ 　　　）。

    A. 总分类账簿　　　　　　　　　　B. 明细分类账簿

    C. 日记账簿　　　　　　　　　　　D. 备查账簿

（3）适用于总账、往来款项明细账等只需要进行金额核算的账簿是（ 　　　）。

    A. 多栏式账簿　　　　　　　　　　B. 数量金额式账簿

    C. 横线登记式账簿　　　　　　　　D. 三栏式账簿

2. 多项选择题

（1）总分类账一般采用（ 　　　）账簿。

    A. 三栏式　　　　　　　　　　　　B. 多栏式

    C. 订本式　　　　　　　　　　　　D. 活页式

    E. 卡片式

（2）采用数量金额式账簿，既需要核算金额又要核算数量的账户有（ 　　　）。

    A. 原材料　　　　　　　　　　　　B. 库存现金

    C. 应收账款　　　　　　　　　　　D. 库存商品

           E. 管理费用

（3）账簿按照用途分为（ 　　　）。

    A. 分类账簿　　　　　　　　　　　B. 日记账簿

    C. 备查账簿　　　　　　　　　　　D. 三栏账簿

任务 6

参考答案

    E. 多栏账簿

✏️ 课后活动

    帮助父母建立一套家庭账簿，如家庭开支日记账。

任务 7　填制会计凭证

学习要点
- 会计凭证的概念和种类
- 原始凭证的填制方法
- 记账凭证的填制方法
- 会计凭证的传递、装订和保管

课堂思政

无声的推销员

有一家牙膏厂,产品优良,包装精美,受到顾客的喜爱,营业额连续 10 年递增,每年的增长率在 10%～20%。可到了第 11 年,业绩停滞下来,以后两年也如此。公司召开会议,商讨对策。会议中,公司总裁许诺说:谁能想出解决问题的办法,让公司的业绩增长,重奖 10 万元。有位年轻经理站起来,递给总裁一张纸条,总裁看完后,马上签了一张 10 万元的支票给这位经理。那张纸条上写着:将现在牙膏开口扩大 1 毫米。消费者每次刷牙挤出同样长度的牙膏,开口扩大了 1 毫米,每个消费者就多用 1 毫米宽的牙膏,每天的消费量将多出多少?公司立即更改包装。第 14 年,公司的营业额增加了 32%。

面对生活中的变化,我们常常习惯过去的思维方法。大禹治水,摒弃前人一味地"堵",转而考虑疏通和引导,终于清除了水患;为了能够在失重条件下书写,加拿大科学家绞尽脑汁难有妙计,俄罗斯人则用铅笔轻松解决了问题……当我们彷徨无计时,当我们停滞不前时,不妨静下心来,重新想想问题的症结,从而另辟蹊径达到目的。

导学案例

王文浩是某公司的业务员,准备去外地出差,需要到财务部预借差旅费 3 000 元。他填写了一份借款单,如图 7-1 所示。经主管领导刘东签字后,出纳员以现金付讫。

借　款　单

2021 年 3 月 28 日

借款人	王文浩	部门	业务部	职务	业务员
借款理由	参加质量鉴定会借支差旅费				
借款金额	人民币(大写):叁仟元整			**现金付讫**	
核准	刘东				

图 7-1　借款单

会计根据王文浩填写的借款单,填制一张凭证用以记录该业务的变化,如图 7-2 所示。

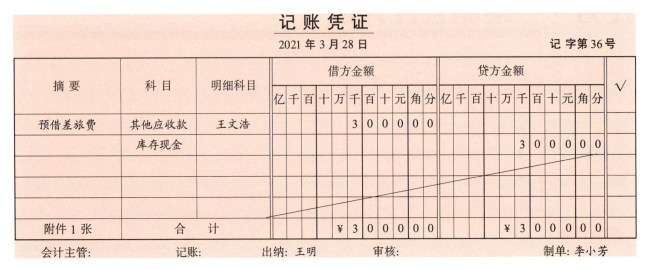

记 账 凭 证

2021 年 3 月 28 日 　　　　　　　　　　　　　　　　　　 记 字第 36 号

摘 要	科目	明细科目	借方金额											贷方金额											√
			亿	千	百	十	万	千	百	十	元	角	分	亿	千	百	十	万	千	百	十	元	角	分	
预借差旅费	其他应收款	王文浩					3	0	0	0	0	0													
	库存现金																	3	0	0	0	0	0		
附件 1 张	合　计					¥	3	0	0	0	0	0					¥	3	0	0	0	0	0		

会计主管:　　　　记账:　　　　出纳: 王明　　　　审核:　　　　制单: 李小芳

图 7-2　记录预借差旅费业务

 想一想

- 类似"借款单"这种反映经济业务的单据,你还能列举一些吗?
- 你知道会计是怎样记录各种经济业务的吗?

企业建账后,日常会计工作都围绕"填制审核会计凭证"→"登记账簿"两个环节开展,到月末还要编制会计报表。填制审核会计凭证是会计核算的专门方法之一,是最频繁、最基本的会计核算工作。

7.1　会计凭证的概念和种类

1. 会计凭证的概念

企业、行政事业单位发生任何一项经济业务,都必须及时取得或填制会计凭证。会计凭证是记录经济业务、明确经济责任、作为记账依据的书面证明。这些凭证清楚地记载了经济业务发生或完成的时间、内容,涉及的有关单位和经办人员的签章,从而明确所承担的法律和经济责任,以保证会计核算的真实性和准确性。

2. 会计凭证的种类

在实际经济活动中,会计凭证是多种多样的,为便于区分使用,可以根据取得和填制会计凭证的程序和用途的不同,将其划分为两大类,即原始凭证和记账凭证,其中原始凭证分为外来原始凭证和自制原始凭证;记账凭证分为专用凭证和通用记账凭证。如表 7-1 所示。

表 7-1　会计凭证的种类

种类		说　明
原始凭证		是企业、行政事业单位在经济业务发生或完成时取得或填制的,是进行会计核算、具有法律效力的原始书面证明
外来原始凭证		是指本企业在同外单位或个人发生经济业务往来过程中,当经济业务发生或完成时,从外单位或个人手中取得的原始凭证
自制原始凭证		是指在经济业务发生或完成时,由本单位经济业务经办部门或个人自行填制的原始凭证
记账凭证		是由企业财会部门根据已审核的原始凭证填制,载有会计分录并作为记账依据的书面文件
专用凭证	收款凭证	是根据有关反映库存现金和银行存款收款业务的原始凭证填制的
	付款凭证	是根据有关反映库存现金和银行存款付款业务的原始凭证填制的
	转账凭证	是根据有关除库存现金及银行存款收付业务以外的转账类经济业务的原始凭证填制的
通用记账凭证		对于在日常经济业务中收款、付款业务较少的单位,可采用一种格式统一的通用记账凭证,替代收款凭证、付款凭证和转账凭证

7.2　原始凭证的填制和审核

1. 原始凭证的基本结构

为了正确反映经济业务,明确各单位、部门、人员的经济责任,原始凭证必须具备以下 6 项基本要素,如图 7-3 所示。

（1）接受凭证单位名称。

（2）填制凭证的日期。

（3）凭证的名称及编号。

（4）经济业务内容、数量、单位和金额。

（5）经办人员的签名或者盖章。

（6）填制凭证单位名称或者填制人姓名。

044002000104

广东增值税普通发票

全国统一发票监制章
发票联
国家税务总局
广东省税务局

NO 48352382

机器编号：587362749496 开票日期：2021年03月11日

购买方	名　　称：广州市华光食品有限公司					密码区	（略）
	纳税人识别号：91440476893501640A						
	地址、电话：广州市岭南路8号　020-53746532						
	开户行及账号：建设银行广州岭南支行　44020109091118987136						
货物或应税劳务、服务名称	规格型号	单位	数量	单价	金　额	税率	税　额
大米		千克	500	4.00	2000.00	9%	180.00
合　　计					¥2000.00		¥180.00
价税合计（大写）	⊗贰仟壹佰捌拾圆整				（小写）¥2180.00		
销售方	名　　称：广州市源湘贸易有限公司					备注	
	纳税人识别号：91440101MA5644830Y						
	地址、电话：广州市秀全路32号　020-73015898						
	开户行及账号：建设银行广州秀全支行　44085101040010470767						

广州市源湘贸易有限公司
91440101MA5644830Y
发票专用章

收款人：陈文　　　　　复核：陈虎　　　　　开票人：陈秀　　　　　销售方：发票专用章

第二联　发票联　购买方记账凭证

图7-3　原始凭证样例

资料卡

原始凭证的相关规定

（1）从外单位取得的原始凭证，必须盖有填制单位的公章；对外开出的原始凭证，必须加盖本单位的公章。从个人取得的原始凭证，必须有填制人员的签名或者盖章。

（2）自制的原始凭证，必须有经办单位的领导人或者由单位领导人指定的人员签名或者盖章。

（3）购买实物的原始凭证，必须有购买人以外的第三者查证核实后，会计人员才能据以入账。

（4）支付款项的原始凭证，必须有收款单位和收款人的收款证明，不能仅以支付款项的有关凭证如银行汇款凭证等代替。

（5）发生销货退回的，除填制退货发票外，还必须有退货验收证明；退款时，必须取得对方的收款收据或者汇款银行的凭证，不得以退货发票代替收据。

（6）职工因公出差借款凭据，必须附在记账凭证之后。收回借款时，应当另开收据或者退还借款副本，不得退还原借款收据。

（7）一式几联的原始凭证，应当注明各联的用途，只能以一联作为报销凭证。一式几联的发票和收据，必须用双面复写纸（发票和收据本身具备复写纸功能的除外）套写，并连续编号。作废时应当加盖"作废"戳记，连同存根一起保存，不得撕毁。

（8）经上级有关部门批准的经济业务，应当将批准文件作为原始凭证附件。如果批准文件需要单独归档，应当在凭证上注明文件的批准机关名称、日期和文号，以便确认经济业务的审批情况和查阅。

2. 原始凭证的填制要求

原始凭证的填制要求如表 7–2 所示。

表 7–2 原始凭证的填制要求

填制要求	说　明
真实准确	原始凭证必须严格按照实际发生的会计事项填制，不能估计或粗略计算，更不允许以任何手段弄虚作假，伪造或变造原始凭证。如果发现原始凭证有错误，应当由开出单位重开或者更正，更正处应当加盖开出单位的公章
内容完整	原始凭证应按其项目逐项填写，要求内容完整、齐全，不得遗漏或简略填写，有关单位和人员的签章要齐全、清晰
填制及时	办理会计事项，应及时取得或者填制原始凭证，并及时送交会计机构，以保证会计核算工作得以顺利进行
填写规范	填制原始凭证必须书写认真规范。要求使用蓝、黑墨水，用钢笔或特殊书写笔书写，需要套写的原始凭证，使用圆珠笔书写；字迹必须清晰、工整，以便于辨认；经济业务的内容应简明扼要；数量、单价和金额要按《会计基础工作规范》的要求填写，大小写金额要一致；空白行应画斜线注销

 资料卡

填制会计凭证时数字和货币符号的书写要求

（1）阿拉伯数字应当一个一个地写，不得连笔写。阿拉伯金额数字前面应当书写货币币种符号或者货币名称简写和币种符号。币种符号与阿拉伯金额数字之间不得留有空白。凡阿拉伯数字前写有币种符号的，数字后面不需再写货币单位。

（2）所有以元为单位（其他货币种类为货币基本单位，下同）的阿拉伯数字，除表示单价等情况外，一律填写到角分；无角分的，角位和分位可写"00"，或者符号"—"；有角无分的，分位应当写"0"，不得用符号"—"代替。

（3）汉字大写数字金额如零、壹、贰、叁、肆、伍、陆、柒、捌、玖、拾、佰、仟、万、亿等，一律用正楷或者行书体书写，不得用另、一、二、三、四、五、六、七、八、九、十等字代替，更不得任意自造简化字。大写金额数字到元或者角为止的，在"元"或者"角"字之后应当写"整"字或者"正"字；大写金额数字有分的，"分"字后面不写"整"字或者"正"字。

（4）大写金额数字前未印有货币名称的，应当加填货币名称，货币名称与金额数字之间不得留有空白。

（5）阿拉伯金额数字中间有"0"时，汉字大写金额要写"零"字；阿拉伯数字金额中间连续有几个"0"时，汉字大写金额中可以只写一个"零"字；阿拉伯金额数字元位是"0"，或者数字中间连续有几个"0"、元位也是"0"，但角位不是"0"时，汉字大写金额可以只写一个"零"字，也可以不写"零"字，例如：¥1 207 000.39 可写成人民币壹佰贰拾万（零）柒仟元（零）叁角玖分。

3. 原始凭证的填制举例

原始凭证的种类很多，格式多样，下面选取一些常用的原始凭证，介绍其填制方法。

（1）支票。支票是一种办理转账或提取现金的银行票据，可用于同城或异地结算。支票头印有"现金"字样的为现金支票，现金支票只能用于支取现金；支票头印有"转账"字样的为转账支票，转账支票只能用于转账；支票上未印有"现金"或"转账"字样的为普通支票，普通支票可以用于支取现金，也可以用于转账。

支票包括存根联和支票正联两部分。存根联作为出票人记账的依据；支票正联是交银行收款的依据。

签发支票时应使用碳素墨水笔或墨汁填写。目前大多数商业银行要求单位使用支票打印机或支票打印软件填制支票各项内容，以提高支票填写的规范性。

签发支票记载必须完整，填制要求如下：

① 签发日期应填写实际出票日期，支票正联出票日期必须使用中文大写，支票存根联出票日期可用阿拉伯数字书写。在支票正联用大写数字填写出票日期时，应注意：

● 月为壹、贰和壹拾的，日为壹至玖和壹拾、贰拾、叁拾的，应在其前加"零"；

● 日为拾壹至拾玖的，应在其前加"壹"。

② 收款单位名称应填写全称并与预留银行印鉴中单位名称保持一致。

③ 大写金额应紧接"人民币"书写，不得留有空白；大小写金额要对应。

④ 阿拉伯小写金额数字前面，均应填写人民币符号"¥"。阿拉伯小写金额数字不得连写或分辨不清。

⑤ 如实写明用途，存根联与支票正联填写的用途应一致。

⑥ 对约定使用支付密码的,出票人可在小写金额栏下方的空格栏(支付密码填写栏)中记载支付密码。

⑦ 在出票人签章处按预留银行印鉴分别签章,不能缺漏。

⑧ 支票签发后,沿存根联与支票正联之间的骑缝线裁开,支票正联交给收款人办理转账,存根联留存作为记账依据。

图 7-4 为支票填写范例。

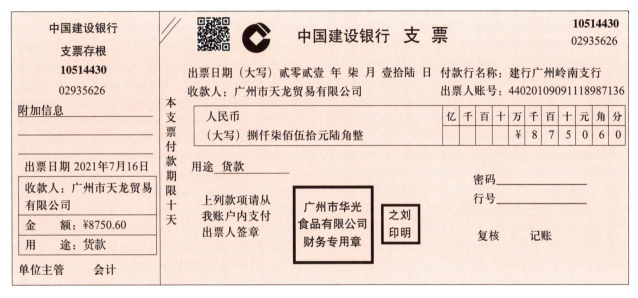

图 7-4　支票填写范例

企业收到支票后可以委托开户银行收款或直接向付款人提示付款。持票人委托开户银行收款时,应作委托收款背书:在支票背面,在被背书人栏记载开户银行名称;在背书人签章栏记载"委托收款"字样、背书日期,签章(即加盖预留银行印鉴),如图 7-5 所示。

知识点

背书是指票据持有人在票据背面签字,签字人称为背书人。

附加信息:	被背书人	被背书人	(贴粘单处)	根据《中华人民共和国票据法》等法律法规的规定,签发空头支票由中国人民银行处以票面金额5%但不低于1000元的罚款
	背书人签章 年　月　日	背书人签章 年　月　日		

图 7-5　支票背面

支票背书后,将支票和填制的进账单送交开户银行。

（2）进账单。进账单是单位办理进账业务的单据。单位在用转账支票、银行汇票等票据进账时应同时填制进账单,一并交银行处理。进账单由一式三联套写而成,第1联是"回单"联,是开户银行交给持（出）票人的回单;第2联是"贷方凭证"联,是收款人开户银行的记账依据;第3联是"收账通知"联,是收款单位的记账依据。

进账单要用钢笔或圆珠笔填写,复写纸套写。进账单填写的内容必须与随同进账的单据内容保持一致,必须完整、准确。进账单填制范例如图7-6所示。

银行进账单 （回单）　1 XV 21067761

2021 年 07 月 16 日

出票人	全称	广州市华光食品有限公司	收款人	全称	广州市天龙贸易有限公司
	账号	44020109091118987136		账号	44021080909010465980
	开户银行	建行广州岭南支行		开户银行	建行广州东风支行

金额	人民币（大写）捌仟柒佰伍拾元陆角整	亿	千	百	十	万	千	百	十	元	角	分
						¥	8	7	5	0	6	0

票据种类	转账支票	票据张数	壹张
票据号码	02935626		

中国建设银行股份有限公司广州东风支行 2021.07.16

复核　记账　　　　　　收款人开户银行签章

此联是开户银行交给持（出）票人的回单

图7-6　进账单填写范例

（3）汇兑。汇兑是汇款人委托银行将其款项支付给收款人的结算方式。汇兑分为电汇和信汇两种,由汇款人选择使用。

（4）增值税电子普通发票。增值税普通发票是指在购销商品、提供或接受服务以及从事其他经营活动中,所开具和收取的收付款凭证。它是相对于增值税专用发票而言的。

增值税电子普通发票,是根据《国家税务总局关于推行通过增值税电子发票系统开具的增值税电子普通发票有关问题的公告》（国家税务总局公告2015年第84号）推出,自2016年1月1日起使用增值税电子发票系统开具的。增值税电子普通发票的开票方和受票方需要纸质发票的,可以自行打印增值税电子普通发票,其法律效力、基本用途、基本使用规定等与税务机关监制的增值税普通发票相同。

增值税电子普通发票范例如图7-7所示。

（5）增值税专用发票。增值税专用发票是专供给一般纳税人销售货物或提供应税劳务、服务时使用的一种发票。增值税专用发票一式三联,分别是发票联、抵扣联和记账联。其中发票联是购货方用于记账的依据,抵扣联是购货方向税务局抵扣税款的依据,记账联是销货方用于记账的依据。

广东增值税电子普通发票

全国统一发票监制章

国家税务总局

广东省税务局

NO 34268731

机器编号：661836274949

开票日期：2021年07月21日

购买方	名　　称：广州市华光食品有限公司 纳税人识别号：91440476893501640A 地址、电话：广州市岭南路8号　020-53746532 开户行及账号：建设银行广州岭南支行　44020109091118987136	密码区	（略）

货物或应税劳务、服务名称	规格型号	单位	数量	单价	金　额	税率	税　额
餐费		次	1	500.00	500.00	6%	30.00
合　计					¥500.00		¥30.00

价税合计（大写）	⊗伍佰叁拾圆整	（小写）¥530.00

销售方	名　　称：广州市宾至饮食有限公司 纳税人识别号：9144043286YH44800B 地址、电话：广州市友谊路18号　020-83567722 开户行及账号：建设银行广州友谊支行　44027080909010475983	备注	广州市宾至饮食有限公司 9144043286YH44800B 销售方：发票专用章

收款人：张燕　　　复核：王平　　　开票人：李东　　　销售方：发票专用章

图7-7　增值税电子普通发票范例

增值税专用发票范例如图7-8所示。

（6）收据。收款单位收到单位或交款人交来的款项时,应当面清点交款金额,然后根据交款单位或交款人交来的款项开具收据。收据有两种：一种是行政事业性统一收费票据,一种是用于单位内部往来的收款收据。用于单位内部往来的收款收据,结构简单,没有特别规定,在市面可以买到。

收据填制要求：

①收款人签章,在收据第二联收款单位（印章）处加盖本单位财务专用章。

②按号码顺序使用,各联复写,逐栏填写清楚。

③行政事业性统一收费票据需套印省级以上财政部门行政事业性收费票据专用印章。

④第二联交给交款单位或交款人带回据以入账。

收费票据范例如图7-9所示。

广东增值税专用发票

全国统一发票监制章
广东
国家税务总局监制

发票联

机器编号：587009332645

NO 11874819

开票日期：2021年07月23日

购买方	名　　称：广州市华光食品有限公司 纳税人识别号：91440476893501640A 地址、电话：广州市岭南路8号　020-53746532 开户行及账号：建设银行广州岭南支行　44020109091118987136	密码区	（略）

货物或应税劳务、服务名称	规格型号	单位	数量	单价	金　额	税率	税　额
挂面		千克	20000	10.00	200000.00	13%	26000.00
合　　计					¥200000.00		¥26000.00

价税合计（大写）	⊗贰拾贰万陆仟圆整	（小写）¥226000.00

销售方	名　　称：广州市雄发贸易有限公司 纳税人识别号：9144047689MK01600B 地址、电话：广州市环城路1号　020-87700028 开户行及账号：建设银行广州环城支行　44027080979015660399	备注	广州市雄发贸易有限公司 9144047689MK01600B

收款人：陈茵　　　　复核：王强　　　　开票：许文　　　　销售文：发票专用章

第三联　发票联　购买方记账凭证

图 7-8　增值税专用发票范例

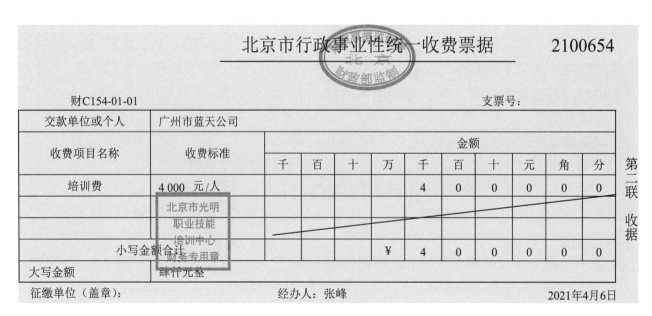

图 7-9　收费票据范例

收款收据范例如图 7-10 所示。

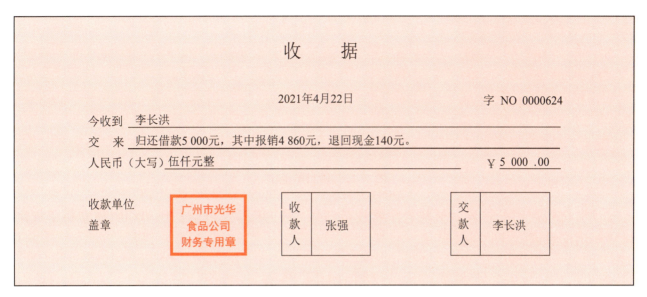

图 7-10　收款收据范例

（7）差旅费报销单。差旅费报销单属于自制原始凭证,可根据本单位管理需要自行设计。其主要内容可参照图 7-11,其中,"伙食补助费""小计"和"总计金额"栏目内容由会计审核后填写,其余栏目内容均由出差人填写。

整理原始凭证

差 旅 费 报 销 单

报销部门:业务部　　　　　　　　　　填报日期: 2021 年 4 月 3 日

姓名	王文浩		职别	业务员	出差事由	参加质量鉴定会		
出差起止日期		自 2021 年 3 月 29 日起至 2021 年 4 月 2 日 止共 5 天附单据 11 张						
日期		起讫地点	车船费		伙食补助费			住宿费	杂费		小计
月	日		交通工具	金额	天数	标准	金额		用途	金额	
3	29	广州—杭州	飞机	650.00	5	60	300.00	600.00	市内交通	430.20	1 980.20
4	2	杭州—广州	飞机	650.00							650.00
总 计 金 额		贰仟陆佰叁拾元贰角整								￥ 2 630.20	

负责人:刘东　　　　会计:李小芳　　　审核:徐亮　　　部门主管:陆佳　　　出差人:王文浩

图 7-11　差旅费报销单范例

（8）领料单。领料单一般是一料一单,一种用途写一张单据。领料单由领料人填写,经该单位主管领导批准后到仓库领料。仓库管理员审核其用途后发料,并在领料单上签章。领料单一式三联:一联留领料部门备查;一联交仓库,据以登记材料卡片或材料明细账;一联转送财务部门或月末经汇总后转送财务部门登记总分类账。领料单范例如图 7-12 所示,其中,"实发""单价"和"金额"栏由仓库管理员填写,其余由领料人填写。

领料单

领料单位:一车间　　　　　　　　　2021年3月15日　　　　　　　　　仓库发料第7号

用途: 生产甲产品

材料类别	材料编号	材料名称	材料规格	计量单位	数量		单价	金额
					请领	实发		
型钢	0632	圆钢	φ40	千克	1 000	1 000	6.48	6 480
备注								

主管:　　　　　　记账:　　　　　发料人: 李 静　　　　　领料人: 张晓华

图 7-12　领料单范例

（9）材料耗用汇总表。材料仓库管理员在旬（月）末都要根据领料单和限额领料单编制材料耗用汇总表,如图 7-13 所示。

材料耗用汇总表

2021年4月10日　　　　　　　　　　　　　　　　　　　　　　单位:元

应借科目		甲 材 料		乙 材 料		金额合计
		数量(千克)	金额	数量(千克)	金额	
生产成本	A 产品	1 800	7 200	700	2 100	9 300
	B 产品	600	2 400	2 100	6 300	8 700
	小计	2 400	9 600	2 800	8 400	18 000
制 造 费 用		50	200			200
管 理 费 用		150	600			600
合 计		2 600	10 400	2 800	8 400	18 800

会计主管:陈勇　　　　　审核:吴柳明　　　　　　　　制表:刘兴农

图 7-13　材料耗用汇总表范例

4. 原始凭证的审核

原始凭证必须经过会计人员审核无误后才能作为填制记账凭证和登记账簿的依据,原始凭证的审核是保证会计信息真实、准确、合法的重要环节。原始凭证的审核要求如表 7-3 所示。

表 7-3　原始凭证的审核要求

审核要求	说　明
真实性	审核原始凭证所反映的经济业务是否发生,是否实事求是;所记录的内容特别是数字是否真实、客观地反映了经济业务,是否存在漏记或隐瞒
合法性	审核原始凭证所记载的内容是否符合国家的法律法规和有关政策规章。例如,有无违背会计法的规定,是否符合企业会计准则的有关要求,是否超出单位的预算或计划,是否违背本单位的财务制度等

续表

审核要求	说　明
完整性	根据原始凭证应具备的要素审核原始凭证所记载的各项内容是否齐全、完整,每个项目是否列示清楚;填写是否规范,是否符合要求;数字计算是否准确,大写金额和小写金额是否相符;有关部门和人员的签章是否齐全,外来原始凭证是否已盖公章
准确性	原始凭证记载的各项内容均不得涂改;原始凭证金额有错误的,应当由出具单位重开,不得在原始凭证上更正

7.3　记账凭证的填制和审核

1. 记账凭证的基本内容

记账凭证一般依据原始凭证来填制,它是说明经济业务和编制会计分录的实物载体。在会计核算中对于发生的每项经济业务的时间、内容摘要、涉及的账户名称、应借应贷金额等,都要记录在记账凭证中。无论何种格式的记账凭证,必须包含以下主要内容:

（1）记账凭证名称,即收款凭证、付款凭证、转账凭证或记账凭证。
（2）记账凭证的填制日期,通常以年、月、日表示。
（3）记账凭证的顺序编号。
（4）经济业务的摘要。
（5）经济业务所涉及的会计科目,包括对应的一级科目和明细科目。
（6）经济业务所涉及的金额。
（7）记账凭证所附原始凭证张数。
（8）有关责任人的签名或者盖章。

2. 记账凭证的填制要求

记账凭证的填制要求如表 7-4 所示。

表 7-4　记账凭证的填制要求

填制要求	说　明
审核原始凭证	审核原始凭证的真实性、合法性、完整性、准确性
填写记账凭证的日期	一般以填写记账凭证的当天日期为准,也可以根据管理需要,填写经济业务发生的日期或月末日期
填写记账凭证的编号	按月或按年进行连续编号
填写内容摘要	摘录其主要内容,如"销售产品""购买材料""提取现金"等

59

填制要求	说　明
填写会计科目	应填写会计科目全称,不得简写,也不得用会计科目的编号代替,要写明一级科目和明细科目
填写金额栏数字	记账凭证的金额必须与原始凭证的金额相符,阿拉伯数字书写要规范,应平行对准借贷栏次和科目栏次,防止串行。合计金额前标明人民币符号"¥"
注销空白行	填制完经济业务事项后,如有空行应从金额栏最后一行金额数字下的空行的右上角至合计数行上面空行的左下角画斜线注销
注明所附原始凭证的张数	附件张数用阿拉伯数字填写。所附原始凭证张数的计算,一般应以原始凭证的自然张数为准
记账凭证的签章	记账凭证填制完毕,填制人、审核人签名或盖章后,交会计主管签名或盖章;记账员登记入账,也应签名或盖章。对于收付款记账凭证,出纳员应在审核无误进行收付款后,在记账凭证上签名或盖章

 资料卡

记账凭证的编号

一般一张记账凭证编一个号,分月按自然数1、2、3……的顺序连续编号,不得跳号、重号。一笔经济业务需要填制两张或者两张以上记账凭证的,可以采用分数编号法编号,如第30号会计事项分录需要填制两张记账凭证,即可编成 $30\frac{1}{2}$ 号、$30\frac{2}{2}$ 号。采取的记账凭证类型不同,编号方法也有所不同。

（1）通用记账凭证采取全部记账凭证统一编号的方法,即本月第一笔经济业务发生后填制的记账凭证为第1号,第二笔经济业务填制的记账凭证为第2号,以此类推,第26笔经济业务的记账凭证为第26号……

（2）专用记账凭证可以按现金收付、银行存款收付和转账业务三类编号,或者按现金收入、现金支出、银行存款收入、银行存款支出和转账五类编号。其中,三类编号为收字第 × 号、付字第 × 号、转字第 × 号;五类编号为现收字第 × 号、银收字第 × 号、现付字第 × 号、银付字第 × 号、转字第 × 号。

各单位应当根据本单位业务繁简程度和人员多寡、分工情况,来选择便于记账、查账、内部稽核的编号方法,一经选取,在一个会计年度内不得任意更改。

3. 记账凭证的填制举例

对于在日常经济业务中收款、付款业务较少的单位,或者实行会计电算化的单位,可采用一种格式统一的通用记账凭证。通用记账凭证的填制步骤如下:

（1）将填制的时间填写在"年、月、日"内。

（2）右上方的编号应按记账凭证的填制顺序填写。

（3）"科目"栏、"明细科目"栏分别填写经济业务发生后所涉及的全部一级科目名称及其所属的明细科目名称。

（4）"摘要"栏书写经济业务的简要内容。

（5）在"借方金额"栏和"贷方金额"栏相应的行次内计算填列与前面会计科目及所属明细科目对应的应借或应贷的金额。

（6）最后一行"合计"填列借方会计科目金额合计和贷方会计科目金额合计,且两者应相等。

（7）"记账"栏填写已记入有关的总分类账及其所属明细分类账的页码,或用"√"表示已经入账（过账完毕）。

（8）"附件　张"填写该编号记账凭证所依据的原始凭证的张数,以备查核。

（9）有关经手人员要在表格下面的相应项目后签章,以明确责任。

通用记账凭证范例如图7-14所示。

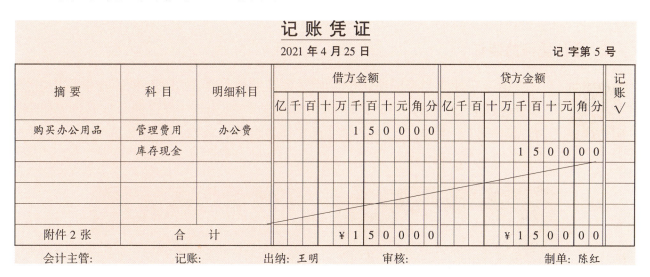

图 7-14　通用记账凭证范例

4. 记账凭证的审核

记账凭证是登记账簿的依据,为使记账凭证能够真实准确地反映经济业务,保证会计核算的准确性,必须在记账凭证填制后,由专人进行审核。记账凭证的审核主要包括以下几方面:

（1）审核所反映的经济业务是否符合法律和规章制度的规定,相应手续是否齐全,内容是否真实。

（2）审核记账凭证是否附有原始凭证,内容是否相符,反映是否准确,原始凭证是否完整,附件张数是否记载准确,摘要是否明确,金额是否相等。

（3）审核记账凭证中的会计分录是否准确,包括会计科目、借贷方向、金额填制是否正确,借贷方金额是否相等,账户的对应关系是否清晰。

（4）审核记账凭证要求填写的项目是否齐全、完整,有关人员是否已签名或盖章。

在审核过程中,如发现差错,要及时查明原因并及时处理。若发现未登记入账的记账凭证有错误,应重新填制;已登记入账的记账凭证有错误,应采取规定的更正方法予以更正。只有审核无误的记账凭证才能作为登记账簿的依据。

7.4 会计凭证的传递、装订和保管

1. 会计凭证的传递

会计凭证的传递,是指从经济业务发生或完成时取得或填制原始凭证开始,经过审核、记账、装订到归档保管为止,在单位内部有关部门和人员之间,按规定的手续、时间和传递路线,进行处理和移交的过程。

由于企业、行政事业单位取得或填制会计凭证的渠道不一,会计凭证所记录的经济业务内容不同,经办业务的部门和人员及办理的时间、手续等也不尽一致。因此,各单位应尽可能科学、合理地制定会计凭证的传递时间和传递程序,以保证会计凭证能够经过必要的环节进行妥善的处理,提高会计核算的正确性和及时性。

2. 会计凭证的装订

装订会计凭证

记账凭证应当连同所附的原始凭证或原始凭证汇总表,按照编号顺序,折叠整齐,按期装订成册,并加具封面,注明单位名称、年度、月份和起讫日期、凭证种类、起讫号码,由装订人在装订线封签处签名或者盖章。会计凭证的装订过程如图 7-15 ~ 图 7-18 所示。

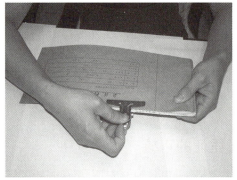

图 7-15　折叠整齐,加具凭证封面

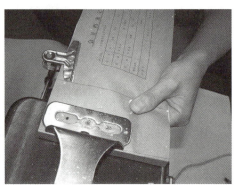

图 7-16　确定打孔位置,用机器打孔

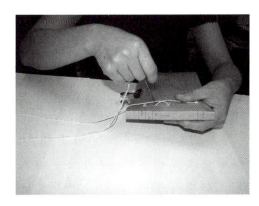

图7-17　用棉线扎紧,将线头用封面纸覆盖粘住

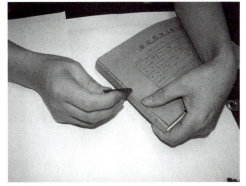

图7-18　填写凭证封面,盖骑缝章

3. 会计凭证的保管

会计机构、会计人员要妥善保管会计凭证,如图7-19所示。

图7-19　会计凭证的保管

在保管过程中应注意:

(1)会计凭证要及时传递,不得积压,以保证会计核算的及时、正常进行。

(2)会计凭证登记完毕后,应当按照分类和编号顺序保管,特别是记账凭证应当连同所附的原始凭证等按照规定的要求装订、保管,不得散失。

(3)会计凭证的保管期限和销毁手续,必须执行会计档案管理办法等相关法规制度的规定。会计凭证保管期限一般分为 10 年和 30 年。对保管期满需销毁的会计凭证,必须报经本单位审核,主管部门检查、核实、批准后,由有关人员监督销毁。

 资料卡

会计档案保管

会计档案是指单位在进行会计核算等过程中接收或形成的,记录和反映单位经济业务事项的,具有保存价值的文字、图表等各种形式的会计资料,包括通过计算机等电子设备形成、传输和存储的电子会计档案。

会计资料包括:

（1）会计凭证,包括原始凭证、记账凭证。

（2）会计账簿,包括总账、明细账、日记账、固定资产卡片及其他辅助性账簿。

（3）财务会计报告,包括月度、季度、半年度、年度财务会计报告。

（4）其他会计资料,包括银行存款余额调节表、银行对账单、纳税申报表、会计档案移交清册、会计档案保管清册、会计档案销毁清册、会计档案鉴定意见书及其他具有保存价值的会计资料。

当年形成的会计档案,在会计年度终了后,可由单位会计管理机构临时保管一年,再移交单位档案管理机构保管。单位会计管理机构在办理会计档案移交时,应当编制会计档案移交清册,并按照国家档案管理的有关规定办理移交手续。

会计档案的保管期限分为永久、定期两类。定期保管期限一般分为 10 年和 30 年。会计档案的保管期限,从会计年度终了后的第一天算起。

单位应当定期对已到保管期限的会计档案进行鉴定,并形成会计档案鉴定意见书。经鉴定,仍需继续保存的会计档案,应当重新划定保管期限;对保管期满、确无保存价值的会计档案,可以销毁。

 **课后习题**

1. 单项选择题

（1）在经济业务发生或完成时取得或填制的,具有法律效力的原始书面证明是（　　）。

    A. 原始凭证   B. 记账凭证

    C. 收款凭证   D. 付款凭证

（2）属于外来原始凭证的是（　　）。

    A. 销货发票   B. 领料单

    C. 借款单   D. 购货发票

（3）签发支票的日期为 1 月 20 日,正确的日期大写是（　　）。

    A. 一月二十日   B. 零壹月贰拾日

    C. 壹月零贰拾日   D. 零壹月零贰拾日

2. 多项选择题

（1）原始凭证的审核应从（　　　　　）方面进行。

    A. 真实性　　　　　　　　　　B. 合法性

    C. 完整性　　　　　　　　　　D. 准确性

    E. 及时性

（2）购买材料,以银行存款支付材料款项,材料验收入库,涉及的原始凭证包括（　　　　　）。

    A. 购货发票　　　　　　　　　B. 支票存根

    C. 收料单　　　　　　　　　　D. 进账单

    E. 销货发票

（3）记账凭证的内容包括（　　　　　）。

    A. 记账凭证的名称、日期、编号　　B. 经济业务的摘要

    C. 经济业务所涉及的科目、金额　　D. 有关责任人的签名或盖章

    E. 附件张数

技能训练

根据广州市华光食品有限公司 2021 年 2 月发生的下列经济业务,填制有关会计凭证。（法人代表:刘海东）

（1）13 日,开出一张转账支票,支付向广州市新佳副食品有限公司购买鸡蛋的货款 30 800 元。请以出纳李春红的身份填制支票,如图 7-20 所示。

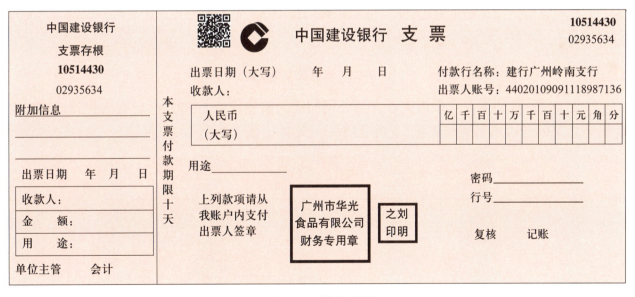

图 7-20　转账支票

（2）17 日,销售给广州市佳兴乐百货有限公司健康饼干 60 箱,每箱 150 元,开出增值税专用发票,增值税税率为 13%,货款已收入银行。请以会计员陈思民的身份填制发票,如图 7-21 所示。有关资料如下:

    购买方名称:广州市佳兴乐百货有限公司

纳税人识别号：91440232TY6844800A

地 址、电 话：广州市石湖路 34 号　020-83567653

开户行及账号：建设银行广州市石湖支行　44012030406659297681

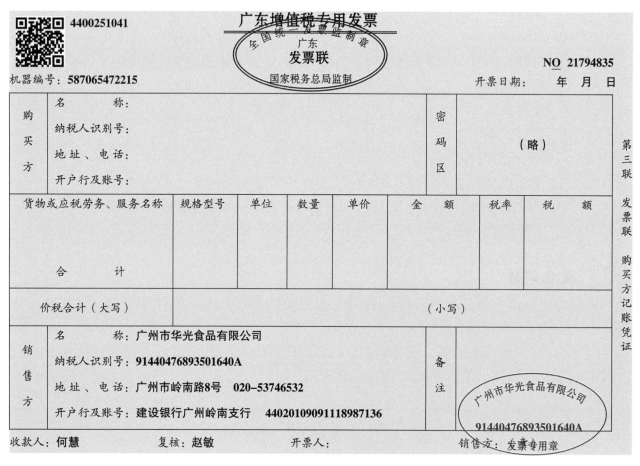

图 7-21　增值税专用发票

（3）25 日，收到客户广州市美心食品公司归还的前欠货款 8 300 元，已存入银行。请以会计员陈思民的身份填制记账凭证（记字第 36 号，附件 1 张），如图 7-22 所示。

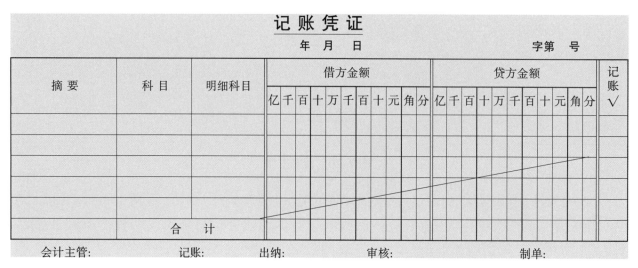

图 7-22　记账凭证

 **课后活动** ────────────────────────

- 收集各种日常生活中遇到的单据，观察这些单据的样式和内容，并说出其中包含的经济信息。
- 尝试填制各种原始凭证及记账凭证。

任务8 登记账簿

学习要点

- 登记账簿规则
- 账簿的登记方法
- 错账更正方法
- 对账
- 结账

课堂思政

一份伙食账簿的故事

1933年8月17日,毛泽东在江西军区参谋长陈奇涵等人的陪同下,来到长胜县铲田区区政府召开干部座谈会,对纠正查田运动中的错误和发展苏区经济问题做了重要指示。

次日清晨,毛泽东同警卫员要赶回瑞金,临走前,毛泽东特意交代警卫员小吴到区财政部结清食宿费用。小吴来到区财政部,财政部干事却无论如何也不肯收钱,小吴推辞不过,只好默默地赶上了先行的毛泽东,并将财政部干事拒收费用的事如实地报告了毛泽东。

毛泽东听后大为生气,指示小吴立即返回铲田,一定要结清食宿费用。陈参谋长觉得距离区政府已远,怕耽误毛泽东的工作,便主动承担了转交食宿费的任务。

毛泽东紧紧握住陈奇涵的手再三叮嘱:"奇涵同志,这件事就拜托你了,一定要把它办妥。我们是党的干部,应该带头廉洁奉公,这样才能真正维护广大群众的利益。"

这份账簿现收藏在瑞金中央革命根据地纪念馆,属国家一级文物。它是"苏区干部好作风"的历史写照,成为革命领袖一心为民、廉洁自律做表率的生动见证。

导学案例

业务员小孙着手制定下一季度销售计划,他请张会计协助他查询相关信息。小孙请张会计查询信息的情景如图8-1所示。

没问题，我马
上查一下，一会儿
就告诉你……

张会计

小孙

财务部

张会计，你好，
我想了解A产品本季
度销售情况和货款回
收情况。

图 8-1　小孙请张会计查询信息的情景

张会计拿出账本开始查阅，很快就提供给小孙所需要的信息。

 想一想

- 张会计为什么能这么快地查到所需要的信息？
- 张会计是怎样登记账簿的？
- 账簿能提供哪些信息？

登记账簿处于"填制审核会计凭证"→"登记账簿"→"编制财务报表"这一会计核算工作的中间环节，起着承上启下的作用。

8.1　登记账簿规则

通过登记账簿，将分散在会计凭证中的数据和资料进行归类，并逐步加工汇总成综合性的会计信息，为编制财务报表提供依据。为了保证账簿记录资料的质量，登记账簿时必须严格遵守下面各项记账规则：

 小提示

切记！必须经审核无误的会计凭证才可作为记账凭据。

（1）必须根据审核无误的记账凭证及所附原始凭证记账，并保证账簿记录与会计凭证内容相同。

（2）应当按记账凭证日期、凭证号数、摘要、金额和其他有关资料逐项对应登入相应账户中。每笔经济业务登记入账后，应逐项复核无误并在记账凭证上签名或盖章，并注明已登账的符号"√"，表示已经登记入账，避免重登或漏登。

（3）账簿应保持清晰、整洁，文字、数字应书写端正规范。书写时，文字、数字不占满格，紧靠本行底线，一般为行距的二分之一。

（4）登记账簿要用蓝黑墨水或者碳素墨水书写，不得使用铅笔或圆珠笔（银行的复写账簿除外）书写。

（5）应按账户页次逐页逐行登记，不能跳行、隔页。如不慎发生跳行、隔页，应将空行或空页注销。如出现空行,应在该行用红笔画一条通栏红线,或注明"此行空白",并由记账人员在该行签名或盖章;如出现空页,应在该页用红笔画对角斜线,或注明"此页空白",并由记账人员在该页签名或盖章。

（6）如果账簿记录发生错误,不得采用涂改、刮擦、挖补或用褪色药水消除笔迹等手段更正,更不能将本页撕毁重新抄写,必须按照规定的方法进行错账的更正。

（7）需结出余额的账户,结出账户余额后,应当在"借或贷"栏内注明余额的"借"或"贷"方向。若余额为零,应当在"借或贷"栏内注明"平"字,并在余额栏"元"位上用"σ"表示。

（8）每张账页记满并需继续登记时,应在本页最后一行结出本页借、贷方发生额合计数及余额,并在"摘要"栏内注明"过次页"字样,同时在次页第一行内"摘要"栏注明"承前页"字样,并将上页最后一行结出的借、贷方发生额合计数及余额分别记入本页第一行的相应栏目,然后再开始登记经济业务,以保持账簿记录的连续性。

8.2 账簿的登记方法

各单位应按照国家统一会计制度的规定和会计业务的需要设置会计账簿。各单位设置的账簿有多种,不同的账页格式和账户又有不同的登记方法。下面介绍单位一般应设置的账簿所反映的经济内容及登记方法。

（1）日记账的登记方法如表 8-1 所示。

表 8-1 日记账的登记方法

种类	账页格式	作用	登记方法
库存现金日记账	一般采用"借方""贷方""余额"三栏式	能随时提供库存现金的收入及其来源、付出及其用途,以及结存余额的会计信息资料	由出纳员按照经济业务发生的时间先后顺序,依据审核无误的现金收、付款凭证,逐日逐笔进行登记,并于每天终了结出现金余额
银行存款日记账	一般采用"借方""贷方""余额"三栏式	能随时提供银行存款的增加及其来源、付出及其用途,以及结存余额变动的会计信息资料,以便了解资金周转情况	由出纳员按照经济业务发生的时间先后顺序,依据审核无误的银行存款收、付款凭证,逐日逐笔进行登记,并于每天终了结出银行存款余额

【例 8.1】 2021 年 1 月 19 日,李阳因出差借支差旅费 2 000 元,会计陈红审核后填制了"记字第 15 号"记账凭证,出纳员何玲以现金付讫。现假定该凭证是当天最后一张凭证,如图 8-2 所示。

记 账 凭 证

2021 年 1 月 19 日　　　　　　　　　　　　　　记 字第15号

摘要	科目	明细科目	借方金额											贷方金额											记账√
			亿	千	百	十	万	千	百	十	元	角	分	亿	千	百	十	万	千	百	十	元	角	分	
预借差旅费	其他应收款	李阳					2	0	0	0	0	0													
	库存现金																		2	0	0	0	0	0	√
附件1张	合　计						¥	2	0	0	0	0	0					¥	2	0	0	0	0	0	

会计主管：　　　　记账：　　　　出纳：何玲　　　　审核：方阳　　　　制单：陈红

图 8-2　"记字第 15 号"记账凭证

出纳员何玲根据记账凭证登记现金日记账，操作步骤如下：

① 根据记账凭证上的"年、月、日""凭证编号"及"摘要"填写。

② "对方科目"登记现金收入或现金付出的对应科目或子目。

③ "借方"栏根据现金收款凭证或银行存款付款凭证中的金额填写。

④ "贷方"栏根据现金付款凭证中的金额填写。

⑤ 每日终了必须及时结出余额，如图 8-3 所示。

库存现金日记账

2021年		凭证编号	摘要	对方科目	借　方									贷　方									余　额								
月	日				千	百	十	万	千	百	十	元	角	分	千	百	十	万	千	百	十	元	角	分	千	百	十	万	千	百	十	元	角	分
1	1		上年结转																									3	3	4	0	0	0
	19	13	提取现金	银行存款				5	0	0	0	0	0															8	3	4	0	0	0
	19	15	李阳出差借款	其他应收款														2	0	0	0	0	0					6	3	4	0	0	0

图 8-3　库存现金日记账登记结果

　　银行存款日记账的登记方法与库存现金日记账的登记方法基本相同，"摘要"栏后面只是增加了"结算方式"栏，其中，下设的"种类"栏，登记银行存款收付业务采用的支付方式种类，如支票、银行汇票等；"号码"栏，登记所用支付方式凭证的编号，如支票号码、银行汇票号码等。

登记银行存款
日记账

71

（2）分类账的登记方法如表 8-2 所示。

表 8-2　分类账的登记方法

种类	格式	作用	登记方法
总分类账	一般采用"借方""贷方""余额"三栏式	总分类账全面、系统、总括地反映各单位的资金增减变动情况，为编制会计报表提供必要的数据资料	由于各单位采用的会计核算组织程序不同，登记的依据也略有不同
明细分类账	可根据需要，分别采用三栏式、数量金额式、多栏式及横线登记式的账页格式	明细分类账提供详细、具体的会计核算资料，对总账资料起补充说明作用	要根据原始凭证、原始凭证汇总表和记账凭证逐日逐笔进行登记，也可以定期登记

 资料卡

会计核算程序

会计核算程序又称会计核算形式，是指在会计核算中，以账簿为核心，把会计凭证、账簿、会计报表、记账程序和记账方法有机结合起来的核算组织方式。目前，我国采用的会计核算程序主要有记账凭证核算程序、科目汇总表核算程序等核算程序。

1. 记账凭证核算程序

记账凭证核算程序是最基本的核算形式，它的主要特点是直接根据记账凭证逐笔登记总分类账。记账凭证核算程序的优点是核算程序简单明了，易于掌握；缺点是登记总账的工作量较大，因此适用于规模较小、经济业务量较少的单位。记账凭证核算程序如图 8-4 所示。

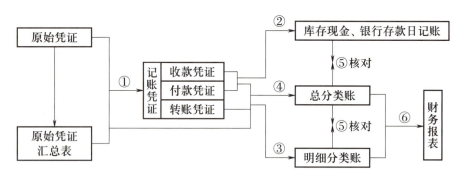

图 8-4　记账凭证核算程序

① 根据原始凭证或原始凭证汇总表填制记账凭证。
② 根据收、付款记账凭证登记库存现金日记账和银行存款日记账。
③ 根据记账凭证并参考原始凭证登记明细分类账。
④ 根据记账凭证登记总分类账。

⑤ 库存现金日记账、银行存款日记账和明细分类账分别与有关的总分类账相核对。

⑥ 根据总分类账和明细分类账中的有关资料编制财务报表。

采取记账凭证核算程序,其总分类登记结果如图 8-5 所示。

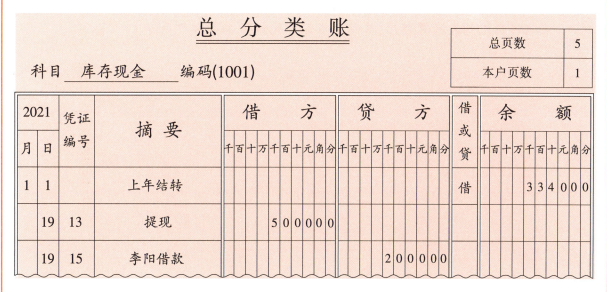

图 8-5　记账凭证核算程序下的总分类账登记结果

2. 科目汇总表核算程序

科目汇总表核算程序的主要特点是根据记账凭证定期编制科目汇总表,再根据科目汇总表定期登记总账。其优点是减少了登记总账的工作量;缺点是不能反映账户之间的对应关系,不便于查对账目。科目汇总表核算程序适用于规模较大、业务量较多的单位。科目汇总表核算程序如图 8-6 所示。

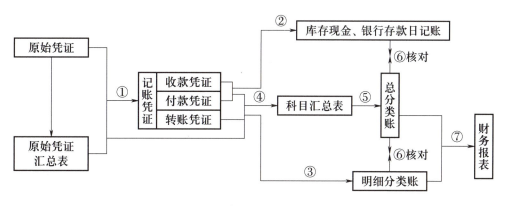

图 8-6　科目汇总表核算程序

① 根据原始凭证或原始凭证汇总表填制记账凭证。

② 根据收、付款记账凭证登记库存现金日记账和银行存款日记账。

③ 根据记账凭证并参考原始凭证登记明细分类账。

④根据记账凭证定期汇总编制科目汇总表。

⑤根据科目汇总表定期登记总分类账。

⑥库存现金日记账、银行存款日记账和明细分类账分别与有关的总分类账相核对。

⑦根据总分类账和明细分类账中的有关资料编制财务报表。

采取科目汇总表核算程序,其总分类账登记结果如图8-7所示。

总 分 类 账

| | | 总页数 | 18 |
| 科目 应收账款 编码(1131) | | 本户页数 | 1 |

2021		凭证编号	摘要	借 方									贷 方									借或贷	余 额								
月	日			千	百	十	万	千	百	十	元	角	分	千	百	十	万	千	百	十	元	角	分		千	百	十	万	千	百	十	元	角	分
1	1		上年结转																					借					4	2	0	0	0	0
	10	科汇1	1—10日汇总过入					8	6	0	0	0	0					7	3	2	0	0	0	借					5	4	8	0	0	0
	20	科汇2	11—20日汇总过入					2	4	0	0	0	0					1	8	0	0	0	0	借					6	0	8	0	0	0
	31	科汇3	21—31日汇总过入															3	3	0	0	0	0	借					2	7	8	0	0	0
			本月合计				1	1	0	0	0	0	0				1	2	4	2	0	0	0	借					2	7	8	0	0	0
			...																																(单红线)
12			本月合计					6	7	0	0	0	0					4	3	0	0	0	0	借				3	6	0	0	0	0	(单红线)
			本年累计				9	4	8	0	0	0	0			9	4	8	6	0	0	0	0	借				3	6	0	0	0	0	(单红线)
			结转下年																					借				3	6	0	0	0	0	(双红线)

图8-7　科目汇总表核算程序下的总分类账登记结果

**登记三栏式
明细账**

明细分类账根据其所记录内容的性质和管理的要求不同又分成4种不同格式的明细账,其格式和适用范围如表8-3所示。

表8-3　明细分类账格式和适用范围

种类	格式	适用范围
三栏式明细分类账	只设"借方""贷方"及"余额"三栏	适用于只需要进行金额核算的明细账户,如"应收账款""实收资本"等明细分类账,如图8-8所示
数量金额式明细分类账	采用"借方""贷方""余额"三大栏,每一栏下,再分别设置"数量""单价""金额"三个专栏进行金额和数量的核算	适用于对一些财产物资核算和管理,不仅要了解其详细的价值指标,还需要掌握其详细的数量指标,如"原材料""库存商品"等物资类明细账

74

种类	格式	适用范围
多栏式明细分类账	在"借方"或"贷方",或者在"借方""贷方"双方栏下分别设立若干专栏,以便在同一账页上集中分类反映有关明细科目或明细项目的金额	适用于需要进行分项目具体反映的经济业务,如"制造费用""管理费用"等明细分类账
横线登记式明细分类账	在"借方""贷方"的同一行内,记录某一经济业务从发生到结束的所有事项	一般适用于需要逐笔对照清算的经济业务。如"其他应收款"明细账的备用金借支和报销收回的情况等

应收账款明细账

账户名称: 美华公司

2021年 月	日	凭证编号	摘要	借方 十万	千	百	十	元	角	分	贷方 十万	千	百	十	元	角	分	借或贷	余额 十万	千	百	十	元	角	分
3	1		期初余额															借	3	0	0	0	0	0	0
	10	记3	收回货款								3	0	0	0	0	0	0	平							Ø
	18	记10	销售产品款未收	2	5	0	0	0	0	0								借	2	5	0	0	0	0	0
	22	记15	收回货款								2	0	0	0	0	0	0	借		5	0	0	0	0	0

图 8-8　三栏式明细分类账登记结果

备查账一般没有固定的格式,各单位可以根据实际管理需要设计相应的项目内容。备查账的记录不列入本单位的财务会计报告。

8.3　错账更正的方法

会计人员应当认真遵守有关规定和要求,严肃认真、一丝不苟地填制会计凭证、登记账簿,尽量避免错账的发生。一旦发生账簿记录错误,应根据具体情况按规定的更正方法更正错误。错账更正的方法一般有画线更正法、红字更正法和补充登记法三种。

三种错账更正方法适用错误情形及更正方法、更正步骤,如表 8-4 所示。

表 8-4　错账更正方法

错误情形		更正方法	更正步骤
记账凭证正确,只是登记账簿时发生文字或数字错误		画线更正法	①在错误的文字或数字(全部)上画线注销 ②在红线上方用蓝字填写正确的文字或数字 ③记账人员在更正处盖章
因记账凭证错误而使账簿记录错误	会计科目错或借贷方向错	红字更正法	①用红字填制一张与错误凭证金额相同的记账凭证,并据以登记入账 ②用蓝字填制一张正确的记账凭证,据以入账
	金额错,所记金额大于应记的金额	红字更正法	将多记金额用红字填制一张与原记账凭证相同的凭证,并据以登记入账
	金额错,所记金额小于应记的金额	补充登记法	将少记金额用蓝字填制一张与原记账凭证相同的凭证,并据以登记入账

下面主要介绍画线更正法:

画线更正法是在发生错误的文字或数字上画一道红线以注销,但必须使原有字迹仍可辨认,然后在其上方书写正确的文字或数字。一般在结账前核查时,发现记账凭证填制无误而账簿记录因工作不慎而造成会计账簿在文字或数字上出现错误,可采用画线更正法进行更正。

更正时,如果是数字写错,必须将错误数字全部注销,不能只更正该数字中的个别错误数码。如李阳借款"2 000.00"误记成"20 000.00",更正时,不能只画"20",并只在上方写上"2",必须将错误数字全部画线。

如是文字写错,可只将写错的文字画线更正即可。如摘要写成"李明借款",更正为:

阳 |王林|
李~~明~~借款

如果李阳借款的"记字第 5 号"凭证填制无误,但登记账簿时,发生笔误,记成"20 000.00",在结账前试算平衡时发现,更正方法如图 8-9 所示。

库存现金日记账

2021年 月	日	凭证编号	摘要	借方 千百十万千百十元角分	贷方 千百十万千百十元角分	余额 千百十万千百十元角分
9	19		承前页	3 5 6 7 0 0 0	3 0 5 5 0 0 0	3 3 4 0 0 0 0
	19	15	李阳借款		2 0 0 0 0 0 2 0 0 (王林) 0	3 1 4 0 0 0 1 3 4 0 (王林) 0

图 8-9　画线更正法更正结果

8.4 对账

对账是指企业、行政事业单位定期对会计账簿记录与相关的会计凭证记录、各财产物资实际结存数之间进行核对,以及各账簿记录之间进行核对,以保证账证相符、账账相符、账实相符。对账的主要内容如表8-5所示。

表8-5 对账的主要内容

主要内容	概念	核对方法
账证核对	它是指将各账簿记录与记账凭证及其所附原始凭证进行核对	将会计账簿与据以入账的记账凭证及其所附原始凭证进行核对,核对其上的时间、字号、内容、金额是否一致,记账方向是否相符
账账核对	它是指在各种账簿记录之间进行有关数字的核对	① 总分类账簿全部账户的本期发生额及期末余额通过试算平衡进行核对 ② 将总分类账簿与其所属的明细分类账簿进行核对 ③ 将总分类账簿中"库存现金""银行存款"账上的期末余额与"库存现金日记账""银行存款日记账"进行核对,以检查总账与日记账记录是否相符 ④ 将会计部门财产物资明细分类账的期末余额与相应的财产物资使用或保管部门的明细账(或卡)上记录的期末结存数进行核对,检查是否相符
账实核对	它是核对会计账簿记录与各项财产物资的实有数额。各项财产物资的实有数额通过财产清查得到	① 将"库存现金日记账"账面余额与库存现金实际结存数进行核对 ② 将"银行存款日记账"账面余额与银行转来的"对账单"上的实有余额进行核对 ③ 将各种财产物资明细分类账账面余额与该项财产物资的实际结存数额核对 ④ 将各种应收、应付款项的明细分类账账面余额与债权、债务的单位或个人进行核对清查

8.5 结账

结账是在把一定时期内所发生的经济业务全部登记入账的基础上,按照规定的方法对该时期内的账簿记录进行小结,结出各账簿本期发生额合计和期末余额的一项会计核算工作。

结账前,应查明是否已将本期内所发生的全部经济业务按规定程序全部登记入账,有无错漏;根据权责发生制对各项收入、成本费用等进行账项调整,以真实地反映当期的财务成果。

在确认账簿记录正确无误的基础上进行结账。结账应分别结出日记账、总分类账和明细分类账每个账户的本期发生额合计和期末余额。结账可分为月度结账、季度结账、年度结账。

（1）月度结账：是在每月终了时进行的结账。其方法是在最后一笔经济业务的记录下面画一条通栏红线，在红线下面的一行"摘要"栏内注明"本月合计"字样，在"借方""贷方""余额"栏分别计算出本月借方发生额合计、贷方发生额合计和期末余额，然后在此行下面再画一条通栏红线。

（2）季度结账：是在每季度终了时进行的结账。其方法基本同月度结账。

（3）年度结账：是在每年年度终了时进行的结账。其方法是在每年的最后一个月度的月度结账（如进行季度结账就在季度结账）的下一行"摘要"栏注明"本年累计"，在"借方""贷方""余额"栏分别计算出本年度借方发生额合计、贷方发生额合计和年末余额，然后在此行下面画两条通栏红线，表示全年经济业务的登记工作至此全部结束。

 资料卡

未 达 账 项

　　未达账项是指单位与银行之间对于同一项经济业务，因结算凭证传递时间的先后不同而发生的一方已取得结算凭证并已登记入账，而另一方由于尚未取得结算凭证而尚未登记入账的款项。在核查过程中可通过编制"银行存款余额调节表"，检查是否由于未达账项造成双方余额不一致。如果调整后双方余额一致，说明双方记账无差错，账实相符；如果调整后的余额仍不一致，则说明银行或企业记账有误，应查明原因予以更正。调整后的余额，为企业可以支用的存款数额。

 **课后习题**

1. 单项选择题

（1）库存现金日记账是由（　　　）负责登记的。

  A. 会计主管   B. 会计员

  C. 出纳员   D. 单位负责人

（2）在记账凭证上相应位置打"√"表示（　　　）。

  A. 已登记入账   B. 已审核

  C. 已付款   D. 已对账

（3）如果余额为 0，则在账簿"借或贷"一栏，应写（　　　）。

  A. 借   B. 贷   C. 零   D. 平

2. 多项选择题

（1）三栏式账簿指的是（　　　　　）三栏。

A. 借方　　　　　　　　　　　　B. 贷方

C. 余额　　　　　　　　　　　　D. 摘要

E. 凭证号数

（2）错账更正的方法有（　　　　　）。

A. 红字更正法　　　　　　　　B. 画线更正法

C. 补充登记法　　　　　　　　D. 备抵法

E. 替换法

（3）对账的主要内容有（　　　　　）。

A. 账证核对　　　　　　　　　B. 账表核对

C. 账账核对　　　　　　　　　D. 账实核对

E. 账单核对

 技能训练

1. 广州华光食品有限公司 2021 年 5 月发生以下经济业务,以出纳员的身份登记"银行存款日记账"（见表 8-6）。

（1）6 日,开出支票支付办公用电费 8 700 元（记字 2 号）。

（2）9 日,销售商品收到对方开来支票 23 000 元,送存银行（记字 5 号）。

（3）12 日,提取现金 5 000 元备用（记字 10 号）。

（4）22 日,收到银行转来收账通知,客户归还前欠货款 17 000 元（记字 22 号）。

表 8-6　银行存款日记账

2021年		凭证编号	摘要	对方科目	借方								贷方								借或贷	余额							
月	日				十万	千	百	十	元	角	分	十万	千	百	十	元	角	分	十万	千	百	十	元	角	分				
5	1		期初余额	略															借	3	8	0	0	0	0	0			

2. 广州华光食品有限公司 2021 年 6 月与力恒公司之间发生以下经济业务,以会计员的身份登记"应收账款——力恒公司"明细账（见表 8-7）。

（1）5 日,销售甲产品给力恒公司,价税合计 32 000 元,款项未收（记字 3 号）。

（2）9 日,收到力恒公司用于偿还前欠货款的支票 35 000 元,送存银行（记字 8 号）。

（3）12 日,销售乙产品给力恒公司,价税合计 24 000 元,款项未收（记字 14 号）。

任务 8
参考答案

表 8-7 应收账款明细账

账户名称：力恒公司

2021年		凭证编号	摘　要	借　方								贷　方								借或贷	余　额							
月	日			十万	千	百	十	元	角	分		十万	千	百	十	元	角	分			十万	千	百	十	元	角	分	
6	1		期初余额																	借		3	0	0	0	0	0	

课后活动

为自己或父母建一本生活开支日记账，并练习登账、对账和结账。

任务 9　编制财务报表

学习要点

- 财务报表的概念
- 财务报表的编制要求
- 资产负债表的编制
- 利润表的编制

课程思政

康美药业财务造假案的警示

康美药业股份有限公司（以下简称康美药业）成立于 1997 年，是千亿市值白马股、中药行业的龙头。然而，2018 年 12 月康美药业收到了中国证监会下达的《调查通知书》，2019 年 4 月康美药业发布高达近 300 亿的"会计差错"，对 2017 年财务报表做出重大调整，财务报表上的数据几乎都需要更正。2019 年 5 月，证监会通报其财务报告造假，2016—2018 年财务报告存在重大虚假信息，涉嫌虚假陈述。2020 年 5 月 14 日，证监会对康美药业作出处罚及禁入决定：责令改正，给予警告，并处以 60 万元罚款，对 21 名责任人员处 10 万～90 万元不等罚款，对 6 名主要责任人采取 10 年至终身证券市场禁入措施。2021 年 5 月 10 日康美药业被申请破产重整。后康美药业被判赔偿投资者 24.59 亿元，原董事长马兴田因操纵证券市场罪、违规披露、不披露重要信息等犯罪行为被判处有期徒刑 12 年，并处罚金 120 万元，原副董事长许冬瑾及其他责任人员 11 人，也因参与相关证券犯罪被判处有期徒刑并处罚金。

古人云："人无忠信，不可立于世。""人而无信，不知其可也。"诚信不仅是中华民族的传统美德，中国道德文化的核心，也是衡量人品质的基本尺度，更是现代企业的"黄金法则"。康美药业财务造假案敲响了警钟，作为会计专业学生，要有"吾日三省吾身"的精神，要深刻认识到在工作岗位上，应做出正确决策，为信息使用者提供准确的、有参考价值的财务报告，为公司的良性发展贡献自己的力量。

导学案例

小黄工作了几年，有了点积蓄，想把一部分积蓄投资股市，经过一番对比、分析，最后准备在 A 公司和 B 公司中选择投资对象。由于没有炒股经验，到底选哪只股票好呢？他实在是举棋不定……

图 9-1 是 A 公司和 B 公司的基本财务信息。

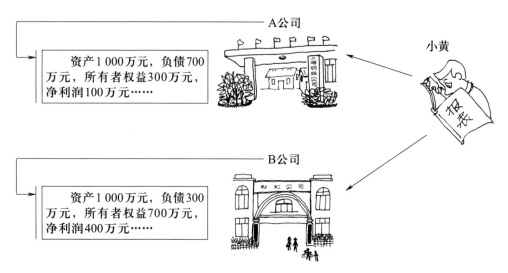

图 9-1　A 公司和 B 公司的基本财务信息

- 小黄可以从哪里获取这些信息？
- 对于企业来说这些信息是如何反映出来的？

会计期间终了时,企业必须根据账簿记录,按照国家规定的报表格式、内容和编制方法编制相关的财务报表,以便全面、综合地反映企业的财务状况、经营成果和现金流动情况。编制财务报表是会计核算工作的最后环节。

9.1　财务报表的概念

财务报表是综合反映企业某一特定日期的资产、负债和所有者权益状况,以及某一会计期间的经营成果和现金流量情况的书面证明。财务报表主要包括以下三类：

财务报表 $\begin{cases} 资产负债表 \\ 利润表 \\ 现金流量表 \end{cases}$

9.2　财务报表的编制要求

编制财务报表时,应做到如下几点,如表 9-1 所示。

表 9-1 财务报表的编制要求及说明

编制要求	说　明
数字真实	财务报表的数字必须真实可靠,必须以核实无误的账簿资料为依据,不允许用计划数、估计数代替实际数,更不允许随意篡改数字,弄虚作假
计算准确	财务报表中的各项数据计算应准确无误,凡有勾稽关系[①]的数字,应相互一致;本期报表与上期报表之间的有关数字应相互衔接
内容完整	财务报表的内容必须全面完整,应当按照会计制度规定的格式和内容填写,不得漏填、漏报
报送及时	财务报表的编制与报送必须及时,必须按照规定的期限编制完成,及时报送有关部门,以保证会计信息的时效性

9.3　资产负债表的编制

1. 资产负债表的概念

资产负债表是反映企业某一特定日期(如月末、季末、年末)财务状况的报表。

2. 资产负债表的结构

资产负债表采用账户式结构,左方为资产,右方为负债和所有者权益。其中,资产项目按其流动性由强到弱排序,负债项目按偿还的先后顺序排列。

3. 资产负债表的编制方法

编制资产负债表的理论依据是:

资产负债表

资产 = 负债 + 所有者权益

资产负债表的日期填列一般为月末、季末、半年末和年末最后一天。资产负债表各项目的"年初余额"栏内的数字,应根据上年末资产负债表"期末余额"栏目所列的数字填列。资产负债表各项目的"期末余额"栏内的数字主要根据资产、负债和所有者权益三类项目中有关总分类账户及有关明细分类账户的期末余额填列。具体各项目填制方法说明如下:

(1)根据有关账户的期末余额直接填列。例如,"短期投资""应收票据""应付职工薪酬""实收资本""资本公积""盈余公积"等项目根据其对应的账户期末余额直接填写。

(2)根据有关总账或明细账期末余额分析计算后填列。

"货币资金"项目:根据"库存现金""银行存款""其他货币资金"三个账户的期末余额合计填列。

"存货"项目:根据"原材料""库存商品""生产成本"等总账科目的期末余额的合计数填列。

"未分配利润"项目:根据"本年利润"和"利润分配"账户的期末余额之和填列,若这两个账户的期末余额方向相反,则用贷方余额减借方余额,为负数以"–"填列,表示未弥补的亏损。

"固定资产净额"项目:根据"固定资产"账户余额减去"累计折旧"账户余额后填列。

---

① 勾稽关系是指账簿和会计报表中有关数字之间存在的,可据以相互考察、核对的关系。

【例9.1】 根据华粤实业公司2021年3月31日各总账账户期末余额（如表9-2所示），编制资产负债表。

表9-2 总分类账期末余额表

2021年3月31日　　　　　　　　　　　　　　　　　　　　单位:元

账户名称	借方余额	账户名称	贷方余额
库存现金	500	累计折旧	28 000
银行存款	250 000	短期借款	30 000
应收账款	5 500	应付账款	20 300
原材料	37 800	应付职工薪酬	17 600
库存商品	31 200	应交税费	13 000
生产成本	13 000	长期借款	100 000
长期股权投资	80 000	实收资本	500 000
固定资产	490 000	资本公积	61 000
无形资产	30 000	盈余公积	136 000
		本年利润	22 100
		利润分配	10 000
合计	938 000	合计	938 000

根据表9-2提供的数据资料编制资产负债表（简表），如表9-3所示。

表9-3 资产负债表（简表）

会小企01表

编制单位:华粤实业公司　　　　　　　2021年3月31日　　　　　　　　单位:元

资产	期末余额	年初余额	负债和所有者权益	期末余额	年初余额
流动资产:			流动负债:		
货币资金	250 500		短期借款	30 000	
应收账款	5 500		应付账款	20 300	
存货	82 000		应付职工薪酬	17 600	
流动资产合计	338 000		应交税费	13 000	
非流动资产:			流动负债合计	80 900	
长期股权投资	80 000		非流动负债:		
			长期借款	100 000	
固定资产	462 000	略	非流动负债合计	100 000	略
			负债合计	180 900	
			所有者权益:		
			实收资本	500 000	
无形资产	30 000		资本公积	61 000	
			盈余公积	136 000	
其他非流动资产			未分配利润	32 100	
非流动资产合计	572 000		所有者权益合计	729 100	
资产总计	910 000		负债和所有者权益总计	910 000	

单位负责人:刘东　　　　　　　　财务负责人:江平　　　　　　　　制表:李小芳

84

部分项目填列说明如下：

货币资金 = "库存现金" + "银行存款" =250 000+500=250 500（元）

存货 = "原材料" + "库存商品" + "生产成本" =37 800+31 200+13 000=82 000（元）

固定资产 = "固定资产" – "累计折旧" =490 000–28 000=462 000（元）

未分配利润 = "本年利润" + "利润分配" =22 100+10 000=32 100（元）

9.4　利润表的编制

1. 利润表概念

利润表是指反映企业在一定会计期间（月度、季度、年度）的经营成果的报表。它是反映企业在一定时期内收入的取得、费用的发生及经营成果形成的动态报表。

2. 利润表的结构

利润表的结构是多步式结构，即按利润总额的构成因素和形成过程，逐步计算其数额。

3. 利润表的编制方法

编制利润表的理论依据是：收入 – 费用 = 利润。

利润表项目包括营业收入、营业利润、利润总额和净利润 4 个部分。其计算过程可分为四个步骤：

第一步，计算营业收入和营业成本：

营业收入 = 主营业务收入 + 其他业务收入

营业成本 = 主营业务成本 + 其他业务成本

第二步，计算营业利润：

营业利润 = 营业收入 – 营业成本 – 税金及附加 – 销售费用 –
　　　　　管理费用 – 财务费用 + 投资收益

利润表

第三步，计算利润总额：

利润总额 = 营业利润 + 营业外收入 – 营业外支出

第四步，计算净利润：

净利润 = 利润总额 – 所得税费用

编制利润表主要是根据损益类账户的本期发生额计算分析填列。利润表设有"本月金额"和"本年累计金额"两栏。"本月金额"各项目反映本月实际发生数，应根据损益类账户的本期发生额计算分析填列。

"税金及附加""管理费用""财务费用""销售费用""投资收益""营业外收入""营业外支出""所得税费用"项目是根据该相对应的账户的发生额分析填列；"营业收入""营业成本""营业利润""利润总额""净利润"项目则根据各有关收入、成本费用账户发生额分析、计算填列，其计算公式如前所列。

> 💡 **小提示**
>
> "财务费用"若出现贷方发生额，填列时应加"-"符号；"投资收益"若出现借方发生额，填列时应注意加"-"符号。

【例 9.2】 根据华粤实业公司 2021 年 4 月损益类账户发生额资料(如表 9-4 所示),编制 2021 年 4 月利润表。

表 9-4   损益类账户发生额

2021 年 4 月   单位:元

账户名称	借方发生额	贷方发生额
主营业务收入		268 000
主营业务成本	103 000	
税金及附加	8 700	
销售费用	6 000	
管理费用	13 000	
财务费用	7 500	
其他业务收入		46 800
其他业务成本	37 900	
投资收益		5 600
营业外收入		3 000
营业外支出	4 600	
所得税费用	45 000	

根据表 9-4 提供的数据资料编制利润表(简表),如表 9-5 所示。

表 9-5   利润表(简表)

会小企 02 表

编制单位:华粤实业公司   2021 年 4 月   单位:元

	本年累计金额	本月金额
一、营业收入	(略)	314 800
减:营业成本		140 900
税金及附加		8 700
销售费用		6 000
管理费用		13 000
财务费用		7 500
加:投资收益		5 600
二、营业利润		144 300
加:营业外收入		3 000
减:营业外支出		4 600
三、利润总额		142 700
减:所得税费用		45 000
四、净利润		97 700

单位负责人:刘东   财务负责人:江平   制表:李小芳

有关项目的计算说明如下：

营业收入 = 主营业务收入 + 其他业务收入 =268 000+468 000=314 800（元）

营业成本 = 主营业务成本 + 其他业务成本 =103 000+37 900=140 900（元）

营业利润 = 营业收入 – 营业成本 – 税金及附加 – 销售费用 – 管理费用 –

财务费用 + 投资收益

=314 800–140 900–8 700–6 000–13 000–7 500+5 600

=144 300（元）

利润总额 = 营业利润 + 营业外收入 – 营业外支出 =144 300+3 000–4 600

=142 700（元）

净利润 = 利润总额 – 所得税费用 =142 700–45 000=97 700（元）

 课后习题

1. 单项选择题

（1）资产负债表是反映企业某一特定日期的（　　　）的财务报表。

  A. 经营成果   B. 现金流量

  C. 财务状况   D. 经营规模

（2）利润表的结构是（　　　）。

  A. 多步式   B. 单步式

  C. 账户式   D. 渐进式

（3）在利润表中，"利润总额 – 所得税费用" 等于（　　　）。

  A. 营业利润   B. 主营业务利润

  C. 营业外收支净额   D. 净利润

2. 多项选择题

（1）编制资产负债表，计算 "存货" 项目金额，应考虑的账户有（　　　　）。

  A. 库存现金   B. 库存商品

  C. 原材料   D. 生产成本

  E. 制造费用

（2）财务报表是综合反映企业某一特定日期的财务状况或某一会计期间的经营成果的报表，通常包括（　　　　）。

  A. 资产负债表   B. 成本计算表

  C. 利润表   D. 现金流量表

  E. 账户期末余额表

（3）在利润表中计算的利润包括（　　　　）。

  A. 营业利润   B. 利润总额

  C. 主营业务利润   D. 净利润

  E. 利润分配

技能训练

1. 广州华光食品有限公司2021年5月有关资产、负债及所有者权益账户余额如表9-6所示,根据资料编制该公司5月的资产负债表,如表9-7所示(期初余额略)。

表9-6 账户余额表   单位:元

账户名称	借方余额	账户名称	贷方余额
库存现金	2 700	累计折旧	6 300
银行存款	39 000	短期借款	7 000
应收账款	1 500	应付账款	5 200
原材料	3 200	应付职工薪酬	25 000
库存商品	2 400	实收资本	38 000
生产成本	1 800	盈余公积	3 000
固定资产	25 000	利润分配	2 800
无形资产	15 000	本年利润	3 300
合计	90 600	合计	90 600

表9-7 资产负债表(简表)

会小企01表

编制单位:　　　　　　　　　　　　　　年　月　日　　　　　　　　　　　　　　单位:元

资产	期末余额	负债及所有者权益	期末余额
流动资产:		流动负债:	
货币资金		短期借款	
应收账款		应付账款	
存货		应付职工薪酬	
其他应收款		应交税费	
流动资产合计		流动负债合计	
		非流动负债:	
非流动资产:		长期借款	
固定资产		非流动负债合计	
无形资产		负债合计	
其他非流动资产		所有者权益:	
非流动资产合计		实收资本	
		资本公积	
		盈余公积	
		未分配利润	
		所有者权益合计	
资产总计		负债和所有者权益总计	

单位负责人:　　　　　　　　　　　　财务负责人:　　　　　　　　　　　　制表:

2. 广州华光食品有限公司 2021 年 6 月有关收入、费用类账户发生余额如表 9-8 所示，根据资料编制该公司 6 月的利润表，如表 9-9 所示。

表 9-8　账户发生额表　　　　　　　　　　　　　单位：元

账户名称	借方发生额	账户名称	贷方发生额
主营业务成本	260 000	主营业务收入	350 000
其他业务成本	30 000	其他业务收入	65 000
税金及附加	13 000	投资收益	12 000
销售费用	12 000	营业外收入	1 000
管理费用	43 000		
财务费用	16 000		
营业外支出	6 000		
所得税费用	11 000		
合　计	391 000	合　计	428 000

表 9-9　利润表（简表）

会小企 02 表

编制单位：　　　　　　　　　　　年　月　　　　　　　　　　单位：元

项　目	本月金额
一、营业收入	
减：营业成本	
税金及附加	
销售费用	
管理费用	
财务费用	
加：投资收益	
二、营业利润	
加：营业外收入	
减：营业外支出	
三、利润总额	
减：所得税费用	
四、净利润	

单位负责人：　　　　　　　　　财务负责人：　　　　　　　　制表：

任务 9
参考答案

课后活动

　　上网搜索或从报刊上查询一家上市公司的年度报表，说说这些报表提供了哪些信息。

任务 10　获取财务信息

课堂思政

练好内功　去伪存真

自 2018 年"范冰冰事件"后，诸多明星被约谈补税，许多大家耳熟能详的明星皆在此列。与此同时，吴京执导的电影《战狼 2》也因被曝要补税被推上舆论的风口浪尖。消息一出，瞬间引起争议不断。这到底是怎么回事呢？吴京也"翻车"了吗？

先说回电影《战狼 2》，其出品方共有 14 家，吴京为主投，其中 3 家是在霍尔果斯注册的影视传媒公司。曾经，霍尔果斯对当地影视公司给予企业所得税"五免五减"税收优惠。而在 2018 年国家整改娱乐圈之后，霍尔果斯也响应号召，停止了相关优惠。于是，由于税收政策的改变，相关公司需要依据新税收政策补缴税款。也就是说，吴京的《战狼 2》确实需要"补税"，但并非"偷税漏税"所致。

身处信息化时代，各种信息应接不暇，更有甚者，为了吸引网民的注意力，采用标题炒作，稍不注意，很容易被混淆视听。生活中，我们要文明上网，对网络上传播的各种信息理性分析，不信谣，不传谣。

在财务工作中也经常遇到各种"谣言"，而获取真实、准确、全面的会计信息是保证会计信息质量的基础。因此，作为财务人员应"练好内功"，掌握扎实、深厚专业知识的同时坚持学习相关政策、法规，树立终身学习观，不断提高信息处理能力，培养良好的职业道德和专业素养，提高国家主人翁意识、社会责任感和职业担当，在面对各种信息时，才能做到去伪存真，客观公正。

导学案例

2022 年年初，明达公司王总与业务部刘经理、财务部张经理召开经营会议，拟订 2022 年经营计划。张经理提供了公司 2021 年财务报表(如表 10-1、表 10-2 所示)。他们首先分析 2021 年公司财务状况和经营情况,然后开始预测 2022 年的销售情况……

表 10-1　资产负债表(简表)

会小企 01 表

编制单位:明达公司　　　　　　　　　　2021 年 12 月 31 日　　　　　　　　　　单位:万元

资产	期末余额	年初余额	负债和所有者权益	期末余额	年初余额
流动资产:			流动负债:		
货币资金	56	37	短期借款	60	45
			应付票据	14	4
应收票据	53	11	应付账款	103	114
应收账款	398	199	预收账款	10	9
预付账款	22	4	应付职工薪酬	64	17
其他应收款	12	22	应交税费	14	9
存货	159	337	应付股利	28	10
			其他应付款	7	12
流动资产合计	700	610	流动负债合计	300	220
非流动资产:			非流动负债:		
			长期借款	470	260
长期股权投资	130	245	应付债券	240	260
固定资产	1 138	767	长期应付款	50	60
在建工程	18	35			
			非流动负债合计	760	580
			负债合计	1 060	800
			所有者权益:		
			实收资本	100	100
无形资产	14	23	资本公积	16	10
			盈余公积	207	129
			未分配利润	617	641
非流动资产合计	1 300	1 070	所有者权益合计	940	880
资产总计	2 000	1 680	负债和所有者权益总计	2 000	1 680

单位负责人:王明　　　　　　财务负责人:张达　　　　　　制表:刘梅

表 10–2　利润表（简表）

会小企 02 表

编制单位：明达公司　　　　　　　　　2021 年 12 月　　　　　　　　　单位：万元

项目	本年累计金额	上年金额
一、营业收入	3 100	2 850
减：营业成本	2 744	2 537
税金及附加	36	28
销售费用	60	52
管理费用	55	40
财务费用	25	20
加：投资收益	30	50
二、营业利润	210	223
加：营业外收入	10	17
减：营业外支出	20	5
三、利润总额	200	235
减：所得税费用	64	75
四、净利润	136	160

单位负责人：王明　　　　　　财务负责人：张达　　　　　　　制表：刘梅

 想一想

- 财务报表能提供哪些信息？
- 如何从财务报表中获得更多的信息呢？

要了解企业的财务状况和经营情况，必须了解各种财务报表反映的经济信息，以及财务报表中各项目的数据来源，还要掌握一些计算方法，对各财务指标进行综合分析。

10.1　编制财务报表的作用

财务报表可以为不同报表使用者提供必要的经济信息，具体表现为以下几方面：

（1）通过财务报表，企业管理层可以了解和掌握企业的财务状况和生产情况，及时发现问题，采取措施，加强和改善管理。

（2）通过财务报表，企业的投资者和债权人可以了解企业的获利能力和偿债能力，以做出是否投资或贷款的决定。

（3）通过财务报表，国家经济管理部门可以了解不同行业的经营状况和发展趋势，适时制定有关的经济政策，对国民经济进行宏观调控。

（4）通过财务报表,财政、税务、审计等部门可以检查企业执行会计制度和财经法规的情况,加强对企业的监督和管理,财务报表也是依法纳税的主要依据。

10.2 直观经济信息的获取

不同的财务报表反映不同的经济信息,很多经济信息可以直接从财务报表的各项指标中获得。

1. 资产负债表直接反映的信息

以表10-1提供的资产负债表为例,可以直接反映以下经济信息:

（1）企业资产的构成及其增减状况。2021年年末明达公司资产为2 000万元,比2020年年末增加了320万元。其中,变现能力最强的流动资产有700万元,比2020年年末增加90万元;企业超过一年的长期投资130万元,比上年反而减少了115万元;固定资产占企业的资产比重最大,其总额达1 156万元,比上年增加了354万元……可以得出各大类资产的总额及其增减情况。同样,每大类资产的构成也不同。例如,应收账款达398万元,约占流动资产的57%,说明资金回收不及时;货币资金只有56万元,企业随时能支配的资金比较少,若应收账款回收期长或不能及时回收,就会影响企业的正常经营和发展,必要时还要对应收账款的账龄进行分析。

（2）企业负债的构成及其增减变化。2021年明达公司负债总额达1 060万元,流动负债和长期负债都有所增加。值得注意的是,明达企业应偿还的短期借款为60万元、应付账款为103万元,这些数据表明,企业必须及时准备足够的资金,才能保证债务的偿还。

（3）企业所有者权益的构成及其增减变化。2021年明达公司所有者权益比2020年增加了60万元,而当年企业所有者投资额并未增加,可见,这60万元的增长主要来源于企业自身经营产生的利润。

2. 利润表直接反映的信息

以表10-2提供的利润表为例,2021年12月明达公司营业收入为3 100万元,比上期增加了250万元,但企业的净利润却减少了,由160万元减少到136万元,一方面是由于企业的销售业务扩大,造成各项费用增加,如管理费用就增加了15万元;另一方面是由于对外投资收益减少,由50万元减少到30万元。

10.3 综合经济信息的获取

企业财务报表是企业经营状况的综合反映,通过分析报表,可以获得反映企业一系列经营状况的指标,有助于报表使用者全面了解企业的经营业绩和实力,从而提高经济决策的科学性。常用的财务指标包括反映企业偿债能力、营运能力和盈利能力的指标。

下面主要以明达公司作为实例,根据表10-1、表10-2中的数据,介绍各种财务指标的计算及其反映的经济信息。

1. 偿债能力指标分析

偿债能力是指企业偿还到期债务（包括本息）的能力，偿债能力分析包括短期偿债能力分析和长期偿债能力分析。

短期偿债能力又称资产变现能力，是企业流动资产对流动负债及时足额偿还的保证程度，是企业产生现金的能力，它取决于可以在近期内转变为现金的流动资产的多少。

反映短期偿债能力的主要指标有流动比率和速动比率，其主要内容如表10-3所示。

表10-3　反映短期偿债能力的主要指标

指标	流动比率	速动比率
定义	流动资产与流动负债的比值	速动资产与流动负债的比值
计算公式	$流动比率 = \dfrac{流动资产}{流动负债}$	$速动比率 = \dfrac{流动资产 - 存货}{流动负债}$
说明	一般认为，生产企业合理的最低流动比率是2，但不能看成是绝对的。一般情况下，流动比率越高，反映企业短期偿债能力越强，债权人的权益越有保证	由于是扣除了变现能力较差且不稳定的存货等后计算的比率，通常认为正常的速动比率为1，低于1的速动比率被认为是短期偿债能力偏低
举例	明达公司流动比率 = 700÷300≈2.33 该企业的流动比率大于2，短期偿债能力比较强，但还应从其他方面进行详细分析	明达公司速动比率 =（700－159）÷300≈1.80 该企业的速动比率大于1，短期偿债能力较强，但还应全面进行详细分析

注：速动资产是指流动资产减去变现能力较差且不稳定的存货、待处理流动资产损失等后的余额。

企业对一笔债务总是涉及两项责任：一是偿还债务本金的责任；二是支付债务利息的责任。分析一个企业的长期偿债能力，主要是为了确定该企业偿还债务本金与支付债务利息的能力，具体来说，主要通过分析企业的资本结构是否健全合理，来评价企业的长期偿债能力。

反映长期偿债能力的指标主要有资产负债率、产权比率等，其主要内容如表10-4所示。

资产负债率

小提示

短期偿债能力分析是看企业有无"近忧"，长期偿债能力分析是看企业有无"远虑"。

表10-4　反映长期偿债能力的指标

指标	资产负债率	产权比率
定义	企业负债总额对资产总额的比率	负债总额与所有者权益的比率，是企业财务结构稳健与否的重要标志
计算公式	$资产负债率 = \dfrac{负债总额}{资产总额}$	$产权比率 = \dfrac{负债总额}{股东权益}$
说明	资产负债率反映企业偿还债务的综合能力，这个比率越高，企业偿还债务的能力越差；反之，偿还债务的能力越强	产权比率反映企业基本财务结构是否稳定，表明债权人投入的资本受到股东权益保障的程度。该比率越低，说明企业长期财务状况越好，债权人债权的安全越有保障，企业财务风险较小

指标	资产负债率	产权比率
举例	明达公司上年的资产负债率 =[（220+580）÷1 680]×100%≈47.62% 明达公司本年资产负债率 =[（300+760）÷2 000]×100%=53% 明达公司本年的资产负债率比上年有所上升，表明企业负债水平提高，但偿债能力强弱还需结合行业水平进一步分析	明达公司上年的产权比率 =[（220+580）÷880]×100%≈90.91% 明达公司本年产权比率 =[（300+760）÷940]×100%≈113% 明达公司本年的产权比率比上年有所提高，表明企业举债经营程度提高，财务风险有所加大

2. 营运能力指标分析

营运能力又称为资产管理比率，是指企业管理和运用资产的能力，通过计算企业有关资金周转情况的指标，可以分析企业利用资产的效率。资金周转得越快，说明资金利用效率越高，企业的经营管理水平越好，则企业运用资产赚取收入的能力越强。

例如，假设有两家企业，其资产、经营的产品等完全一样，所不同的是对资产的管理方案。A企业的年总资产周转次数3次，每次获得净利润50万元；B企业采取各种措施，使年总资产周转次数上升到4次，因采取措施而增加的费用每次为5万元，B企业每次获得净利润为45万元。则两家企业获得的年净利润计算如下：

A企业每年获得净利润=3×50=150（万元）

B企业每年获得净利润=4×（50-5）=180（万元）

可见，B企业的资产管理能力优于A企业。

反映营运能力的指标包括营业周期、存货周转率、应收账款周转率、流动资产周转率等，其主要内容如表10-5所示。

营业周期是指从取得存货开始到销售存货并收回现金为止的这段时间。营业周期的长短取决于存货周转天数和应收账款周转天数。

应收账款分析

小提示

营业周期也可用于评价企业的短期偿债能力。

3. 盈利能力指标分析

盈利能力是指企业获取利润的能力。企业的盈利能力越强，则其给予股东的回报越高，企业价值越大。同时，盈利能力越强，带来的现金流量越多，企业的偿债能力越强。

反映盈利能力的指标主要包括销售毛利率、成本费用利润率、总资产报酬率和净资产收益率等，其主要内容如表10-6所示。

值得一提的是，财务分析的最终目的在于全方位地了解企业的经营状况，并借以对企业经济效益的优劣做出系统、合理的评价。单独分析任何一项财务指标，都难以全面评价企业的财务状况和经营成果。要想对企业财务状况和经营成果进行综合性的评价，就必须进行相互关联的分析，采用适当的标准进行综合性的评价，如杜邦财务分析体系等分析方法，这里就不再展开。

表 10-5 反映营运能力的主要指标

指标	存货周转率	应收账款周转率	流动资产周转率
定义	企业一定时期的营业成本与平均存货的比率	年度内应收账款转为现金的平均次数	销售收入与全部流动资产平均余额的比率
计算公式	$存货周转率=\dfrac{营业成本}{平均存货}$ 其中：平均存货=(期初存货+期末存货)÷2 存货平均周转天数=360÷存货周转率	$应收账款周转率=\dfrac{营业收入}{平均应收账款}$ 其中：平均应收账款=(期初应收账款+期末应收账款)÷2 应收账款周转天数=360÷应收账款周转率	$流动资产周转率=\dfrac{营业收入}{平均流动资产}$ 其中：平均流动资产=(期初流动资产+期末流动资产)÷2
说明	可测定企业存货的变现速度，衡量企业的销货能力及存货是否储备过量，是衡量和评价企业购入存货，投入生产，销售收回等各环节管理状况的综合指标	表示企业从取得应收账款的权利到收回款项，转换为现金所需要的时间，它说明应收账款的变现速度 也是反映企业运用资产收款能力的最主要指标	反映的是全部流动资产的利用效率的综合指标
特点	一般而言，存货周转速度越快，存货的占用水平越低，流动性越强，存货转换为现金，应收账款等的速度越快。所以，提高存货周转率可以提高企业的变现能力	一般来说，企业的应收账款周转率越高，平均收账期越短，说明企业的应收账款回收得越快；否则，企业的营运资金的呆滞在应收账款上，会严重影响企业资金的正常周转	流动资产周转快，会相对节约流动资产，相当于扩大了企业资产投入，增强了企业盈利能力；反之，若周转速度慢，为维持正常的经营，企业必须不断投入更多的资源，以满足流动资产周转需要，导致资金使用效率低
举例	明达公司存货周转率 =2 744÷[(337+159)÷2]≈11.06(次) 存货的周转天数=360÷11.06≈32.5(天)	明达公司应收账款周转率 =3 100÷[(199+398)÷2]≈10.39(次) 应收账款周转天数=360÷10.39≈34.6(天)	明达公司流动资产周转率 =3 100÷[(610+700)÷2]≈4.73(次)

说明：通常在财务指标分析中的一年取为 360 天。

表 10-6 反映盈利能力的主要指标

指标	销售毛利率	成本费用利润率	总资产报酬率	净资产收益率
定义	它是销售毛利与销售收入净额的百分比,其中销售毛利是销售收入净额与销售成本的差	它是利润总额与成本费用总额的百分比,其中成本费用总额包括营业成本、税金及附加、销售费用、管理费用和财务费用	它是息税前利润与平均资产总额的百分比,其中息税前利润为利润总额和利息支出之和	它是净利润与平均净资产的百分比
计算公式	销售毛利率 =(销售收入－销售成本)÷销售收入	成本费用利润率 =利润总额÷(营业成本＋税金及附加＋销售费用＋管理费用＋财务费用)	总资产报酬率 =(利润总额＋利息支出)÷[(期初资产＋期末资产)÷2]	净资产收益率 =净利润÷[(期初净资产＋期末净资产)÷2]
说明	反映企业销售的初始获利能力,是企业净利润的起点。没有足够高的毛利率水平,就无法形成较高的利润	成本费用控制得越好,盈利能力就越强。成本费用利润率越高,表明企业为取得利润所付出的代价越小	反映企业利用全部经济资源的综合获利能力,以及企业资产利用效率和节约成本方面取得的效果。该项指标越高,说明企业资产的利用效率越高,在增加收入和节约成本方面取得的效果越好	反映所有者投资的获利水平,反映股东的投资在扣除利息支出和所得税后带来的收益回报情况。该项指标越高,说明给所有者带来的收益越高
举例	明达公司上年销售毛利率 =(2 850-2 537)÷2 850 ×100%≈10.98% 明达公司本年销售毛利率 =(3 100-2 744)÷3 100 ×100%≈11.48%	明达公司上年成本费用利润率 =235÷(2 537+28+52+40+20) ×100%≈8.78% 明达公司本年成本费用利润率 =200÷(2 744+36+60+55+25) ×100%≈6.85%	明达公司总资产报酬率 =(200+25)÷[(1 680+2 000) ÷2]×100%≈12.23%	明达公司净资产收益率 =136÷[(940+880)÷2] ×100%≈14.95%
结论	本年销售毛利率有所上升	本年成本费用利润率有所下降,说明本年企业成本费用支出增加,将影响获利水平	应与以前各期或同行平均水平进行比较分析	应与以前各期或同行平均水平进行比较分析

注:本年与上年的财务费用,全部为利息支出。

 资料卡

上市公司的财务指标

上市公司是指公司股票在证券交易所公开流通的股份制企业。由于上市公司的盈利能力对公司股价有重要影响,因此对上市公司盈利能力分析有一些特殊指标,主要包括每股收益、市盈率、每股股利和每股净资产。

(1)每股收益是指本年净收益与年末普通股份总数的比值。它是衡量上市公司盈利能力最重要的指标,反映普通股的获利水平。其计算公式为:

每股收益=(净利润-优先股股利)÷发行在外的普通股股数

(2)市盈率是指普通股每股市价为每股收益的倍数。该比率反映投资人对每元净利润所愿支付的价格,可以用来估计股票的投资报酬和风险。但使用该比率时要注意不能用于不同行业企业比较,必须与股票的风险水平相结合,才能做出合理的投资价值评判。其计算公式为:

市盈率=普通股每股市价÷普通股每股收益

(3)每股股利是指公司股利总额与公司流通股数的比值。它反映的是上市公司每一普通股获取股利的大小。每股股利大小取决于上市公司的股利政策,所以每股收益多,不等于每股股利多。其计算公式为:

每股股利=股利总额÷年末普通股股份总数

(4)每股净资产是指期末净资产与年度末普通股股份总数的比值。它反映发行在外的每股普通股所代表的净资产成本即账面净资产价值,体现股东的权益高低。其计算公式为:

每股净资产=(股东权益总额-优先股股本)÷发行在外的普通股股份

 课后习题

1. 单项选择题

(1)一般认为,生产企业合理的最低流动比率是(   )。

A. 1   B. 2   C. 1.5   D. 0.5

(2)说法不正确的是(   )。

A. 资产负债率越高,说明企业到期偿还债务的能力越强

B. 流动资产周转率越高,说明企业利用流动资产的效率越高

C. 成本利润率越高,说明企业为取得利润所付出的代价越小,盈利能力越强

D. 速动比率越高,说明企业的短期偿债能力越强

(3)反映所有者投资的获利水平的指标是(   )。

A. 销售毛利率   B. 成本利润率

C. 总资产报酬率   D. 净资产收益率

2. 多项选择题

（1）企业财务指标分析包括对企业（　　　　　）的指标分析。

A. 偿债能力   B. 营运能力

C. 盈利能力   D. 管理能力

E. 生产能力

（2）反映企业短期偿债能力的指标有（　　　　　）。

A. 资产负债率   B. 流动比率

C. 速动比率   D. 产权比率

E. 存货周转率

（3）反映企业营运能力的指标有（　　　　　）。

A. 流动资产周转率   B. 存货周转率

C. 净资产收益率   D. 应收账款周转率

E. 流动比率

技能训练

广州华光食品有限公司 2021 年末有关数据如表 10-7、表 10-8 所示。

表 10-7　资产负债表（简表）

会小企 01 表

编制单位：广州华光食品有限公司　　　　　　2021 年 12 月 31 日　　　　　　单位：万元

资产	期末余额	年初余额	负债及所有者权益	期末余额	年初余额
流动资产：			流动负债：		
货币资金	150	120	短期借款	100	80
应收账款	130	120	应付账款	120	130
存货	170	160	流动负债合计	220	210
			长期负债	80	80
流动资产合计	450	400	负债合计	300	290
固定资产	300	280			
			所有者权益	450	390
资产总计	750	680	权益总计	750	680

单位负责人：刘明之　　　　　　财务负责人：陆锋　　　　　　制表：陈思明

表 10-8　利润表（简表）

会小企 02 表

编制单位：广州华光食品有限公司　　　　　　　2021 年 12 月　　　　　　　　　　　单位：万元

项　目	本年金额
一、营业收入	1 020
减：营业成本	500
税金及附加	50
销售费用	30
管理费用	70
财务费用	20
加：投资收益	40
二、营业利润	390
三、利润总额	390
减：所得税费用	80
四、净利润	310

任务 10
参考答案

（1）分析该企业的偿债能力，计算流动比率、速动比率、资产负债率、产权比率。

（2）分析该企业的营运能力，计算存货周转率、应收账款周转率、流动资产周转率。

（3）分析该企业的盈利能力，计算销售毛利率、成本费用利润率、总资产报酬率、净资产收益率。（财务费用全部为利息支出。）

课后活动

采集一些财经报刊上公布的上市公司的财务报告，对常用财务指标进行计算，并对该企业进行简要的分析评价。

项目 4
典型业务的会计处理

会计工作是以经济业务为核算对象,不同类型企业的经济业务类型有所不同。

本项目主要以制造业为基础,介绍企业基本经济业务的会计核算方法。

学完本项目,建议采集一家小企业某月份的财务数据进行模拟实习。

任务 11　筹集资金业务的核算

学习要点
- 接受投资的核算
- 借入资金的核算

课堂思政

贷款有风险,筹资需谨慎

学生李好家庭经济条件不错,生活消费追求名牌,经常因为不合理消费财务紧张。她最近想要换一台新手机,不敢问父母要钱,于是在好朋友的推荐下通过某平台进行贷款。该平台以"无抵押、还款时间弹性"等为由让急于借钱的李好毫不犹豫地申请了,甚至把家人、学校等个人信息都提供给了对方。平台很快就贷给李好 7 000 元,然而一周后,李好就开始接到借贷平台的催款电话,还声称还不上款就要利滚利。从此李好几乎每天都收到催款电话,胆战心惊之余,被迫四处借款,悔不当初……

2021 年,恒大集团超额负债的新闻占据各个新闻媒体的头版头条,引起社会的极大关注。曾经叱咤风云的商业巨头脱去华丽的外衣,现实却是盲目扩张带来的苦果:地产步子迈得太大、无止境的多元化发展、不懂得及时止损等。巨额负债使得恒大资金链断裂,先是有银行向法院申请冻结恒大资产,接着多地恒大在建楼盘停工,然后恒大财富出现兑付危机……可以说是一波未平一波又起。

不管是个人生活、还是企业经营,可能都会遇到筹资这个问题,不同筹资方式的成本不一样,风险也不相同,个人和企业都要做好筹资的风险控制。比如要选择合法合规的贷款机构;另外,贷款数量要适当,要精准评估自身的偿还能力,保证自身能履行合同代价;还有就是企业要避免盲目扩张、个人要注意合理消费,不让"贪心"把我们拉入可怕的深渊。

导学案例

刘华与张达合伙开办了一家公司,相关开办手续已基本办妥,场地和设备也都准备就绪,但是他们合计来合计去,感觉还缺部分材料资金……

图 11-1 为刘华筹集资金的活动情景。

筹集资金方式　　图 11-1　筹集资金的活动情景

想一想

- 企业的资金来源有哪些?
- 企业在经营过程中,如何解决资金不足的问题?

任何企业要开展生产经营活动,都必须拥有一定的资金作为正常运转的保障。资金的主要来源包括企业接受投资者投入的资本和向外部借入的资金。

11.1　接受投资的核算

投资者投入企业的资金主要形成企业的资本金。资本金是企业在工商行政管理部门注册登记的注册资本,是国家批准企业从事生产经营活动的首要条件。

资本金按其投资主体的不同,可分为国家投入资本、法人投入资本、个人投入资本和外商投入资本。按公司法规定,投资者投入的资本一般是不能随意抽回的。

企业接受投资者投入的资本金,可以是货币资金,也可以是实物资产,还可以是商标权等无形资产。

1. 核算依据

企业接受投资者投入的资本金的会计核算依据如下:

(1)接受货币形式投资,应取得开户银行转来的"收账通知"等单据证明所投的货币资金已转入企业账户内方可进行会计核算。

(2)接受设备等实物形式的投资,应取得合同、发票、保险单等产权证明及实物移交证明等方可进行会计核算。

2. 设置账户

(1)"实收资本"账户:是所有者权益类账户,用来核算企业投资者投入资本的增减变动情况。该账户按投资者的名称设置明细分类账户,进行明细分类核算。其账户结构如下:

借	实收资本	贷
按法定程序减少的资本数额	收到投入资本的数额	
	期末余额：实收资本的实有数额	

（2）"银行存款"账户：是资产类账户，用来核算企业存放在银行的款项。其账户结构如下：

借	银行存款	贷
存款的增加数额	存款的减少数额	
期末余额：银行存款的结存数额		

（3）"固定资产"账户：是资产类账户，用来核算企业所有固定资产的原始价值。其账户结构如下：

借	固定资产	贷
增加固定资产的原始价值	减少固定资产的原始价值	
期末余额：现有固定资产的原始价值		

3. 核算举例

【例 11.1】 12 月 1 日，通利公司收到银行转来投资人刘华 200 000 元投资款、张达 150 000 元投资款的"收账通知"。

业务分析：

当企业收到投资者投入款项时，一方面引起企业资产的增加，反映借记"银行存款"，同时表明投资者对企业投入资本的增加，即贷记"实收资本"。

业务处理：

借：银行存款   350 000
    贷：实收资本——刘华   200 000
            ——张达   150 000

【例 11.2】 12 月 1 日，通利公司收到投资人张达投入运输汽车一辆，经投资各方确认的价值为 100 000 元，增值税进项税额 13 000 元。已办妥交接手续和实物验收的有关单据，物资部门转来"固定资产投资移交验收单"。

业务分析：

当企业收到投资者投入的运输设备时，"固定资产"和"实收资本"同时增加，应作如下会计分录，入账时应注意按投资各方确认的价值入账。

业务处理：

借：固定资产		100 000
应交税费——应交增值税（进项税额）		13 000
贷：实收资本——张达		113 000

11.2　借入资金的核算

借入资金主要是企业向银行或其他金融机构借款，到期偿还本息的一种资金筹集方式。借款按偿还期的长短，可分为短期借款和长期借款。

应取得借款合同及相关借款进账单作为会计核算依据。

1. 设置账户

（1）"短期借款"账户：是负债类账户，用来核算企业向银行借入的偿还期在 1 年以内（含 1 年）的借款的增减变动情况。其账户结构如下：

借　　　　　　　　短期借款　　　　　　　　贷	
到期偿还的各项短期借款的本金	取得短期借款的数额
	期末余额：尚未偿还的短期借款本金

（2）"长期借款"账户：是负债类账户，用来核算企业向银行借入的偿还期在 1 年以上的借款的增减变动情况。其账户结构如下：

借　　　　　　　　长期借款　　　　　　　　贷	
到期偿还的长期借款的本金	借入的长期借款的本金
	期末余额：尚未偿还的长期借款本金

2. 核算举例

【例 11.3】　12 月 1 日，通利公司为解决生产周转资金不足的问题，经与银行协商后借入期限为 6 个月的借款 100 000 元，存入该企业的银行存款账户。

业务分析：

企业收到银行转来的"收账通知"，即表示"银行存款"账户增加，而该款项是企业向银行借入的短期借款，即企业的负债也同时增加。

业务处理：

借：银行存款	100 000

106

　　　　　　　　　　　　　　　　　　　　　贷：短期借款　　　　　　　　　　　　　　　　　　100 000

【例11.4】　12月10日,通利公司以银行存款偿还到期的短期借款100 000元。

业务分析：

该业务与取得短期借款的业务刚好相反。

业务处理：

　　　　借：短期借款　　　　　　　　　　　　　　　　　　100 000
　　　　　　贷：银行存款　　　　　　　　　　　　　　　　　　100 000

【例11.5】　12月15日,通利公司为扩大生产规模,向银行借入期限为2年,年利率为6%,到期一次还本付息的借款200 000万元,存入该企业的银行存款账户。

业务分析：

该业务是企业向银行借入长期借款,应通过"长期借款"账户进行核算。

业务处理：

　　　　借：银行存款　　　　　　　　　　　　　　　　　　200 000
　　　　　　贷：长期借款　　　　　　　　　　　　　　　　　　200 000

 课后习题

1. 单项选择题

（1）（　　　）账户用于核算企业投资者投入资本的增减变动情况。

　　A. 短期借款　　　　　　　B. 实收资本　　　　　C. 银行存款　　　　　　D. 固定资产

（2）企业在行政管理部门办理注册登记的首要条件是（　　　）。

　　A. 企业到银行开户　　　　　　　　　　B. 向银行借入短期借款

　　C. 向银行借入长期借款　　　　　　　　D. 收到投资者投入的资本金

2. 多项选择题

（1）资本金按其投资主体的不同,可分为（　　　　）。

　　A. 国家投入资本　　　　　　　　　B. 法人投入资本

　　C. 个人投入资本　　　　　　　　　D. 外商投入资本

　　E. 公司投入资本

（2）（　　　　　）可作为企业接受投资者投入的资本金。

　　A. 原材料　　　　　　　　　　　B. 设备

　　C. 商标权　　　　　　　　　　　D. 货币资金

　　E. 仓库

3. 判断题

（1）企业接受货币形式投资,应取得开户银行转来的"收账通知"等单据证明方可进行会计核算。　　　　　　　　　　　　　　　　　　　　　　　　　　　　　　（　　　）

（2）企业资金的来源渠道只能是接受投资者投入的资本。　　　　　　　　　（　　　）

技能训练

根据达明公司发生的下列经济业务,编制会计分录:

（1）收到银行转来的万华实业公司投资款 500 000 元的"收账通知"。

（2）从银行取得 6 个月期借款 100 000 元,存入银行。

（3）为开发新项目,从银行取得 3 年期借款 300 000 元。

任务 11
参考答案

课后活动

某公司一方面收到投资者投入资本 50 万元,已存入银行。另一方面向银行借入 1 年期贷款 20 万元,已存入企业银行存款账户。请代该公司进行会计核算,并说说两笔业务在会计核算上的不同之处。

任务 12 采购业务的核算

学习要点
- 材料采购业务过程
- 材料采购业务的核算

课堂思政

采购员的职业操守

在日常采购业务中,采购员经常需要与供应商进行商务洽谈,采购员秉持良好的职业操守对维护企业利益具有重要的积极的意义。

陈明是某企业的采购员,在每次采购工作洽谈前,他都会收集分析供应商的物料实时信息,明确物料的合理成本价,从而更好地为企业控制成本,提高效益。

在一次进行物料采购时,几家供应商一起进行竞投,但其中一家供应商的物料质量未达到标准,并暗示用虚开增值税发票的手段谋利。供应商代表用"拉关系""走后门"等方式诱惑陈明,希望将这批物料销售出去,但陈明始终坚持廉洁、公正的态度,最终为企业选了一家信誉好、质优价廉的供应商,达成长期合作。

陈明因良好的工作作风和职业操守受到同行们的好评和企业重用。

陈明的故事告诉我们,不论身处什么工作岗位,都应该严守职业底线,坚持廉洁自律,对不正当的竞争手段,要坚决抵制,不能牺牲公司或他人利益而获利,切不可贪图不义之财,自毁前程。

导学案例

一天,业务员小赵完成采购任务后,到财会部门办理报销手续……

图 12-1 为报销活动的情景。

图 12-1　报销活动的情景

想一想

- 小赵办理采购业务报销时,应整理哪些文件？可以作为财务报销的单据有哪些？
- 会计收到小赵提交的单据后应如何进行会计核算？

12.1　材料采购业务过程

材料采购业务是企业购买所需的各项材料及储备物资,以保证企业生产经营的正常运转的经济事项。采购业务一方面引起企业资金的流出,同时引起企业货物的增加。材料采购业务流程如图 12-2 所示。

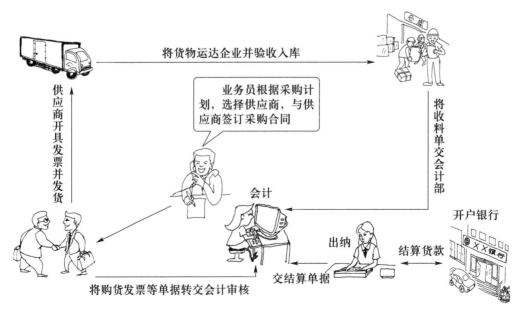

图 12-2　材料采购业务流程

110

12.2 材料采购业务的核算

1. 材料采购业务基本工作内容

财会部门核算采购材料物资业务的基本工作内容如下：

（1）取得材料采购业务单据。一是从业务部门取得采购发票（即增值税专用发票或普通发票）、运费发票等购货单据。二是从仓库取得收料单,确定该批材料实际采购成本。购货单据与收料单传递时间有可能不一致,大体存在以下情况：

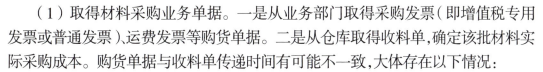

采购业务流程及类型

① 已收到采购发票、运费发票等结算单据,同时仓库转来材料到达、验收入库"收料单"。

② 已收到采购发票、运费发票等结算单据,但材料尚未到达、验收入库。

③ 尚未收到采购发票、运费发票等结算单据,但仓库转来材料到达、验收入库的"收料单"。

（2）办理货款结算。货款结算应根据合同规定的结算方式。例如,合同约定"货到立即以支票付款",财会部门应依据合同条款和收料单开出转账支票交供货单位,进行货款结算,其中支票存根是证明货款已支付的原始凭证。

（3）确定材料的采购成本。材料采购成本包括购买价款、除可抵扣的增值税外的相关税费、运输费、装卸费、保险费,以及其他可归属于材料采购成本的费用。但为了简化计算,采购人员的差旅费不计入材料物资的采购成本,而是直接计入管理费用。

（4）账务处理。财务人员根据采购业务发生的采购发票、运费发票、货款结算单据、收料单等填制记账凭证,继而登记相关账簿。

2. 设置账户

（1）"在途物资"账户：是资产类账户,采用实际成本进行材料、商品等物资日常核算的企业,用来核算货款已付但材料尚未验收入库的在途物资的采购成本。该账户可按供应单位和物资品种进行明细核算。其账户结构如下：

借	在途物资	贷
购入材料支付的买价和采购费用等采购成本	验收入库的材料采购成本	
期末余额：尚未验收入库的在途物资采购成本		

（2）"原材料"账户：是资产类账户,用来核算企业库存材料的增减变动及结存情况。该账户应按材料品种、规格设置明细分类账。其账户结构如下：

借	原材料	贷
验收入库原材料的采购成本	发出材料的成本	
期末余额：库存材料的成本		

（3）"应交税费"账户：是负债类账户，用来核算企业应缴纳的各种税费。贷方登记已计算尚未缴纳的应付税费数额，借方登记实际缴纳的税费数额，该账户余额一般在贷方，表示应交而未交的税费数额。该账户应按税种分别设置明细分类账。本节所涉及的税种是增值税，设置"应交税费——应交增值税"账户，该账户的期末余额在借方，表示尚未抵扣的增值税额。其账户结构如下：

借	应交税费——应交增值税	贷
采购材料时向供货单位支付的进项税额； 交纳本月应交的增值税额	销售产品时向购货单位收取的销项税额	
期末余额：留待下期抵扣的增值税额		

（4）"应付账款"账户：是负债类账户，用来核算企业因购买材料物资或接受劳务等应付给供货单位的款项。该账户按供货单位设置明细分类账。其账户结构如下：

借	应付账款	贷
偿还给供货单位的款项	应付而未付给供货单位的款项	
	期末余额：尚未偿还给供货单位的款项	

3. 材料采购成本计算

企业在采购材料物资过程中，会产生相应的采购成本。材料物资采购成本包括企业在采购过程中所发生的买价及其他各项采购费用。采购费用主要包括采购过程中发生的相关税费、运输费、装卸费、保险费及其他可归属于材料物资采购成本的费用。其计算公式如下：

材料采购成本构成

某材料物资的采购成本 = 该材料物资的买价 + 应负担的材料采购费用
某材料物资单位成本 = 该材料物资采购成本 ÷ 材料物资数量

【例12.1】　某工厂购进A材料一批，共500千克，单价10元，共计5 000元，增值税进项税额为650元，另支付运杂费100元，增值税进项税额为9元。该批材料的货款以银行存款支付，同时材料由仓库验收入库。

业务分析：

由于只购进A材料，故其运杂费100元直接计入该材料的采购成本。

业务处理：

A材料的采购成本 =500×10+100=5 100（元）

借：原材料——A材料   5 100
　　应交税费——应交增值税（进项税额）   659
　　贷：银行存款   5 759

4. 核算举例

【例 12.2】 2021年2月4日，广州市华强公司发生一笔购进材料业务，相关单据如图12-3～图12-5所示。

业务分析：

增值税专用发票的抵扣联由财会部门另行保管。会计凭增值税专用发票的发票联、出纳交来的支票存根及仓库转来的"收料单"等原始凭证，进行材料采购业务处理。货款已付，表示企业的资金减少，应在"银行存款"账户贷方反映；材料已验收入库，表示企业的物资增加，应在"原材料"账户借方反映；按照我国现行税法规定，采购材料所支付的增值税，符合税法规定的，可以进行抵扣，其抵扣额在"应交税费——应交增值税（进项税额）"账户借方反映。

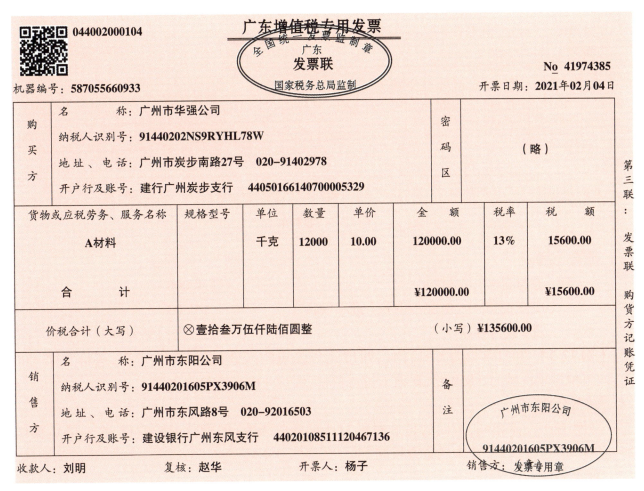

图 12-3　增值税专用发票（发票联）

中国建设银行
支票存根
10541130
20104880

附加信息 _____

_____

_____

出票日期　2021 年 2 月 4 日

收款人：广州市东阳公司

金　　额：￥135 600.00

用　　途：货　款

单位主管　李华雯　会计　张浩

图 12-4　转账支票存根

收 料 单

供货单位　广州市东阳公司
发票编号：41974385　　　　　　　2021 年 2 月 4 日　　　　　　　仓库发料第 7 号

材料类别	材料编号	材料名称	材料规格	计量单位	数量		金额			
					应收	实收	单价	买价	运费	合计
	0632	A		千克	12 000	12 000	10.00	120 000		120 000
备注										

主管：李华雯　　　会计：张浩　　　审核：刘明　　　记账：陈小燕　　　收料：魏长江

图 12-5　收料单

业务处理：

借：原材料——A 材料　　　　　　　　　　　　　　　　　120 000
　　应交税费——应交增值税（进项税额）　　　　　　　　 15 600
　　贷：银行存款　　　　　　　　　　　　　　　　　　　　　　　 135 600

【例 12.3】 2021 年 2 月 6 日，向广州市光华公司购入 B 材料 5 000 千克，买价为 45 000
元，增值税进项税额为 5 850 元，款项未付，材料已到达并由仓库验收入库。

业务分析：

与例 12.1 大体相同，不同的是 B 材料虽然已验收入库，但货款尚未支付，企业的负债增
加，应在"应付账款"账户中的贷方反映。

业务处理：

借：原材料——B 材料　　　　　　　　　　　　　　　　　 45 000
　　应交税费——应交增值税（进项税额）　　　　　　　　　5 850
　　贷：应付账款——广州市光华公司　　　　　　　　　　　　　　 50 850

 课后习题

1. 单项选择题

（1）在结算单据已收到,货款已付,货物未验收入库的情况下,不可能取得的原始单据是（   ）。

    A. 增值税专用发票   B. 运费清单

    C. 收料单   D. 支票存根

（2）企业有一张记账凭证记录如下:

    借:原材料——甲材料   45 000

        应交税费——应交增值税（进项税额）   5 850

        贷:银行存款   50 850

则表示甲材料采购成本是（   ）。

    A. 50 850   B. 45 000

    C. 5 850   D. 101 700

2. 多项选择题

（1）采购业务完成后,采购部门应将取得的（   ）等单据提交会计部门。

    A. 支票存根   B. 运费发票

    C. 收料单   D. 增值税专用发票

    E. 支票

（2）材料采购成本包括（   ）。

    A. 材料买价   B. 增值税款

    C. 采购材料运杂费   D. 采购材料途中的保险费

    E. 企业支付的财产保险费

（3）采购业务完毕,会计根据审核无误的增值税专用发票、运费发票、支票存根、收料单进行会计账务处理时,需要运用的账户有（   ）。

    A. 在途物资   B. 原材料

    C. 应交税费   D. 银行存款

    E. 应付账款

任务 12
参考答案

 技能训练

根据达明公司发生的下列经济业务,编制会计分录:

（1）6日,向万事通公司购进 A 材料 1 000 千克,单价 20 元,货款 20 000 元,增值税进项税额 2 600 元,价税款尚未支付,材料已由仓库验收入库。

（2）11日,向嘉德乐公司购进 B 材料 500 千克,单价 50 元,货款 25 000 元,增值税进项税额 3 250 元,价税款已付,材料尚未验收入库。

（3）11日,向百丽达公司购进 C 材料 100 千克,单价 100 元,货款 10 000 元,增值税进项

税额 1 300 元,发生运杂费 100 元,增值税进项税额 9 元,以银行存款支付款项,材料已由仓库验收入库。

（4）20 日,以银行存款支付前欠万事通公司货款 22 600 元。

 课后活动

　　到超市或商场购买一种商品,并取得超市或商场开具的发票,体验商品购进业务的处理流程。

任务 13　成本费用的核算

学习要点

- 成本费用的构成
- 成本费用的核算

煮蛋的学问

有两家餐厅都卖煮鸡蛋，他们的鸡蛋都一样受欢迎，价钱也一样，但 A 餐厅赚的钱却比 B 餐厅多，旁人大惑不解。成本控制专家对 A 餐厅和 B 餐厅煮蛋的过程进行比较，终于找到了答案：

A 餐厅的煮蛋方式：用一个长宽高各 4 厘米的特制容器，放进鸡蛋，加水（估计只能加 50 毫升左右），盖上盖子，打火，1 分钟左右水开，再过 3 分钟关火，利用余热煮 3 分钟。

B 餐厅的煮蛋方式：打开液化气，放上锅，添进一瓢凉水（大约 250 毫升），放进鸡蛋，盖锅盖，3 分钟左右水开，再煮大约 10 分钟，关火。

你发现了什么不一样吗？

原来前者起码节约 4/5 的水、2/3 以上的煤气和将近一半的时间，所以 A 餐厅在水和煤气上就比 B 餐厅节省了将近 70% 的成本。

煮蛋很简单，谁都会煮，但不同的煮法带来不同的效益。这个小故事让我们体会到"精益管理思想"这一成本控制之道的精髓，告诉我们要学会培养"成本控制意识"。

导学案例

通利公司研发出一种新产品，经过市场调查后，市场前景看好，于是公司决定立即投入生产。但是，如何确定该新产品的出厂价呢？定多少最为合理呢？公司管理层要求市场部和财务部尽快做出定价方案。于是，财务部向市场部提供研发该新产品所消耗的料、工、费等财务数据，以及公司各种税费资料……市场部很快制定出了新产品的定价策略，并提交到公司管理层。

 想一想

- 企业生产产品，需要耗费什么？
- 成本和费用是一回事吗？产品的生产成本是由哪些项目构成的？

13.1　成本费用的构成

企业生产经营过程的每个阶段都在不断地发生各种人力、物力和财力的耗费，也就是企业的成本费用。

成本和费用两者之间既有联系也有区别。成本是按一定对象所归集的费用，是对象化了的费用。也就是说，生产成本是相对于一定的产品而言所发生的费用，是按照产品品种等成本计算对象对当期发生的费用进行归集而形成的。两者之间也有所区别：费用是资产的耗费，它与一定的会计期间相联系，而与生产哪一种产品无关；成本与一定种类和数量的产品或商品相联系，而不论发生在哪一个会计期间。

成本费用的构成如图 13-1 所示。

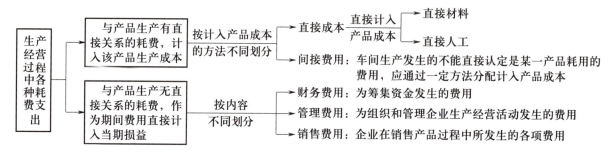

图 13-1　成本费用的构成

13.2　成本费用的核算

1. 成本费用核算的基本工作内容

成本费用的核算就是归集和分配各项费用，计算产品生产成本。成本费用核算的基本工作内容有：

（1）材料费用的核算：依据领料单和发出材料汇总表进行会计核算。

（2）工资及福利费的核算：依据职工薪酬相关的工资结算单和各项经费（如福利费、工会经费、教育经费等）计提表进行会计核算。

（3）其他费用的核算：依据固定资产折旧表，水电费、报刊费、保险费等相关费用单据及相关费用分配表进行会计核算。

（4）产品完工入库的核算：先进行成本计算，然后依据完工产品成本汇总表及验收合格的完工产品入库单等进行会计核算。

2. 设置账户

（1）"生产成本"账户：是成本类账户，用来核算企业在产品生产过程中发生的应计入产品成本的各项费用，并据以计算确定完工产品的实际生产成本。该账户按产品的种类设置明

细分类账,进行明细分类核算。其账户结构如下:

借	生产成本	贷
生产产品直接耗用的材料和人工费用; 期末,分配转入的"制造费用"	月末转出的完工产品的生产成本	
期末余额: 尚未完工的产品的生产成本		

（2）"制造费用"账户: 是成本的账户,用来核算生产部门为组织和管理生产而发生的不能直接计入产品成本的各项间接费用,如为组织和管理生产所发生的管理人员工资和福利费用、生产设备折旧费等。该账户期末应按一定的方法分配转入到各产品的"生产成本"中,结转后无余额。该账户按生产单位设置明细账。其账户结构如下:

借	制造费用	贷
生产部门为组织和管理生产所发生的各项间接费用	月末分配转入"生产成本"账户的间接费用数额	

（3）"管理费用"账户: 是损益类账户,用来核算企业管理部门为组织和管理生产经营活动而发生的各项费用支出,如行政管理人员的工资费用、办公费用、业务招待费等。该账户期末应转入"本年利润"账户,结转后无余额。其账户结构如下:

借	管理费用	贷
企业发生的各项行政管理费用支出	期末转入"本年利润"账户的费用数额	

3. 成本费用核算举例

（1）材料费用的核算。生产部门根据生产需要,填制"领料单"。财会部门根据"领料单"及"材料耗用汇总表"作相关的账务处理。材料费用核算的工作流程如图 13-2 所示。

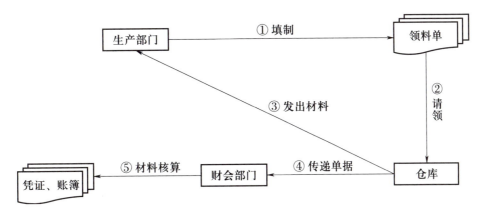

图 13-2　材料费用核算的工作流程

【例 13.1】 月末,仓库转来根据领料单汇总的"材料耗用汇总表",如表 13-1 所示。

业务分析:

企业发生材料发出业务,必定会使得库存的原材料减少,应在"原材料"账户贷方反映;相应地,相关的成本费用增加,应根据材料的耗用对象确定应计入账户,即应在"生产成本""制造费用""管理费用"等账户借方反映。

表 13-1　材料耗用汇总表　　　　　　　　　　　　　　　单位:元

耗用对象	D 材料			F 材料			金额合计
	数量	单价	金额	数量	单价	金额	
甲产品	9 500		76 950.00	350		17 500.00	94 450.00
乙产品	7 500		60 750.00	550		27 500.00	88 250.00
车间耗用	500		4 050.00	50		2 500.00	6 550.00
行政管理部门	110		891.00				891.00
合计	17 610	8.10	142 641.00	950	50.00	47 500.00	190 141.00

业务处理:

借:生产成本——甲产品　　　　　　　　　　　　　　94 450
　　　　　　　　——乙产品　　　　　　　　　　　　　88 250
　　制造费用　　　　　　　　　　　　　　　　　　　6 550
　　管理费用　　　　　　　　　　　　　　　　　　　891
　　贷:原材料——D 材料　　　　　　　　　　　　　142 641
　　　　　　　　——F 材料　　　　　　　　　　　　　47 500

（2）工资费用的核算。工资是企业支付给职工的劳动报酬,是成本费用核算的重要组成部分。工资费用核算的工作流程如图 13-3 所示。

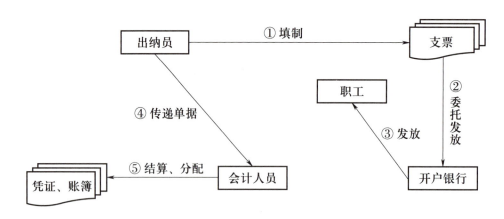

图 13-3　工资费用核算的工作流程

【例 13.2】 2 月 8 日,以银行存款 60 000 元发放职工工资。

业务分析:

以银行存款发放工资,使银行存款减少,在"银行存款"账户的贷方反映;同时企业应付给

120

职工的工资减少,应在"应付职工薪酬"账户的借方反映。

"应付职工薪酬"账户是负债类账户,用来核算企业根据相关规定应付给职工的各种薪酬,如职工工资、奖金、津贴和补贴,职工福利费,医疗保险费、养老保险费、失业保险费、工伤保险费、生育保险费等社会保险费,住房公积金,以及工会经费和职工教育经费等。本账户可按"工资""职工福利""社会保险费""住房公积金""工会经费""职工教育经费"等进行明细核算。其账户结构如下:

借	应付职工薪酬	贷
企业实际支付给职工的薪酬及职工福利费等,并结转各项代扣款	分配给各受益对象的报酬及相关经费的计提	

业务处理:

借:应付职工薪酬——工资　　　　　　　　　　60 000

　　贷:银行存款　　　　　　　　　　　　　　60 000

【**例 13.3**】月末,会计根据工资发放表,编制"工资费用分配表",如表 13-2 所示,并进行工资费用分配核算。

表 13-2　工资费用分配表　　　　　　　　　　　　　　　单位:元

应借账户	部门		
	车间	管理部门	合计
生产成本——甲产品	23 000		23 000
生产成本——乙产品	18 000		18 000
制造费用	8 000		8 000
管理费用		11 000	11 000
合计	49 000	11 000	60 000

业务分析:

对工资费用的核算与材料费用的核算基本相同。根据工资发生的部门和用途分别计入相应成本费用账户的借方,应付未付的职工薪酬在"应付职工薪酬——工资"账户的贷方反映。

业务处理:

借:生产成本——甲产品　　　　　　　　　　23 000

　　　　　　——乙产品　　　　　　　　　　18 000

　　制造费用　　　　　　　　　　　　　　　8 000

　　管理费用　　　　　　　　　　　　　　　11 000

　　贷:应付职工薪酬——工资　　　　　　　　60 000

(3)固定资产折旧费用的核算。固定资产在使用期限内其原有的实物形态虽始终保持不变,但由于使用而产生的磨损应逐渐转移到成本费用中,从企业取得的收入中得到补偿。这一被磨损的价值称为固定资产折旧,应在"累计折旧"账户中核算。

"累计折旧"账户是资产类账户,用于核算累计提取的折旧额。折旧的增加是固定资产磨损价值增加,即表示固定资产实际价值的减少,因此该账户的结构与固定资产账户相反。其账户结构如下:

借	累计折旧	贷
企业固定资产减少时冲销的已提累计折旧数额	应计提的折旧数额	
	期末余额: 现有固定资产的累计提取的折旧数额	

【例 13.4】 月末,按规定计提固定资产折旧 11 120 元,其中生产车间固定资产折旧 7 620 元,行政管理部门固定资产折旧 3 500 元。

业务分析:

固定资产应按月计提折旧,并根据使用部门和用途计入相关成本费用,使当月对应的成本费用增加,同时应提的固定资产折旧也增加,应在"累计折旧"账户的贷方反映。

业务处理:

```
借: 制造费用                                    7 620
    管理费用                                    3 500
    贷: 累计折旧                                       11 120
```

(4) 其他费用的核算。企业生产经营过程中,还会发生一些其他费用,如办公费、电费、差旅费、水费等。

【例 13.5】 2 月 10 日,以现金购入一批办公文具,金额 300 元,其中生产车间领用文具计 100 元,行政管理部门领用文具计 200 元。

业务分析:

该业务的发生,使得企业的库存现金减少,而使得行政管理部门和生产车间的费用增加。

业务处理:

```
借: 制造费用                                     100
    管理费用                                     200
    贷: 库存现金                                        300
```

【例 13.6】 2 月 10 日,以银行存款支付本月电费 8 000 元,其中生产车间耗用 6 000 元,行政管理部门耗用 2 000 元。

业务分析:

该业务的发生,使企业的银行存款减少,生产车间和行政管理部门的费用增加。

业务处理:

```
借: 制造费用                                    6 000
    管理费用                                    2 000
    贷: 银行存款                                       8 000
```

【例 13.7】 2 月 10 日,业务员张明出差,预借差旅费 1 000 元,以现金付讫。

业务分析:

预借差旅费核算的工作流程如图 13-4 所示。

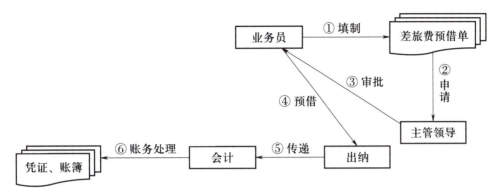

图 13-4 预借差旅费核算的工作流程

该业务发生,使企业的库存现金减少,而对业务员张明的应收款项增加,应在"其他应收款"账户的借方反映。

"其他应收款"账户是资产类账户,用于核算企业除销货款外的其他应收或暂付其他单位或个人的款项。该账户应按单位或个人设置明细分类账户。其账户结构如下:

借	其他应收款	贷
企业应收或暂付给其他单位或个人的款项	收回的应收款项	
期末余额: 尚未收回的应收款项		

业务处理:

借:其他应收款——张明　　　　　　　　　　　　　　　1 000

　　贷:库存现金　　　　　　　　　　　　　　　　　　　　1 000

【例 13.8】 2 月 13 日,业务员张明出差回来,报销差旅费 895 元,退回现金 105 元,结清前欠借款。

业务分析:

报销差旅费核算的工作流程如图 13-5 所示。

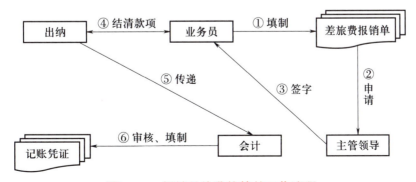

图 13-5 报销差旅费核算的工作流程

报销差旅费,使得企业的管理费用增加;退回多余现金,使得库存现金增加;结清前欠借款,应冲销"其他应收款——张明"账户。

业务处理:

借:管理费用	895
库存现金	105
贷:其他应收款——张明	1 000

(5)制造费用归集分摊。生产车间为组织和管理产品生产而发生的各项间接费用均已反映在"制造费用"账户借方。月末,应将其进行归集后,从"制造费用"账户的贷方分配转入各产品"生产成本"账户的借方,构成产品生产成本的一部分。

【例 13.9】 月末,将本月发生的制造费用转入生产成本 28 270 元,其中甲产品应负担 15 858 元,乙产品应负担 12 412 元。

业务分析:

本业务就是将归集到的制造费用从"制造费用"账户的贷方转入"生产成本"账户。

业务处理:

借:生产成本——甲产品	15 858
——乙产品	12 412
贷:制造费用	28 270

(6)生产成本核算及结转完工产品成本。企业生产完工的产品应由仓库验收入库,并由会计部门进行成本核算,将计算出的完工产品实际生产成本,从"生产成本"账户转入"库存商品"账户。生产成本核算的工作流程如图 13-6 所示。

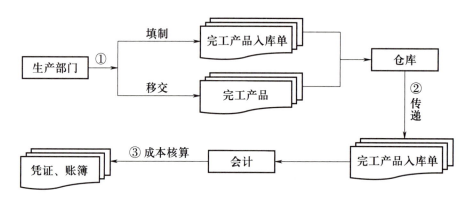

图 13-6 生产成本核算的工作流程

"库存商品"账户是资产类账户,用于核算库存商品的增减变动情况。该账户应按商品种类设置明细分类账户,进行明细分类核算。其账户结构如下:

借	库存商品	贷
验收入库的库存商品实际成本	发出库存商品的成本	
期末余额:结存库存商品的成本		

【例13.10】 月末,结转本月完工入库产品的生产成本。其中:甲产品10 000件全部完工,总成本为133 308元,乙产品8 000件全部完工,总成本为118 662元。

业务分析:

由生产车间生产完工并验收入库的产品,使得成品仓库的库存商品增加,其实际生产成本也应从"生产成本"账户结转到"库存商品"账户。

业务处理:

借:库存商品——甲产品　　　　　　　　　　133 308

　　　　　　——乙产品　　　　　　　　　　118 662

　　贷:生产成本——甲产品　　　　　　　　　　　133 308

　　　　　　　——乙产品　　　　　　　　　　　118 662

 课后习题

1. 单项选择题

(1)业务员报销差旅费时,应首先自行填制(　　　)。

　　A. 发票　　　　　　　　　　B. 借支单

　　C. 差旅费报销单　　　　　　D. 记账凭证

(2)(　　　)账户是用来核算企业在产品生产过程中发生的应计入产品成本的各项耗费。

　　A. 制造费用　　　　　　　　B. 管理费用

　　C. 累计折旧　　　　　　　　D. 生产成本

2. 多项选择题

(1)产品生产成本包括(　　　　　)。

　　A. 直接材料　　　　　　　　B. 管理费用

　　C. 制造费用　　　　　　　　D. 直接人工

　　E. 利息费用

(2)(　　　　　)应列入"应付职工薪酬"账户进行核算。

　　A. 职工工资　　　　　　　　B. 奖金

　　C. 医疗保险费　　　　　　　D. 职工福利费

　　E. 工会经费

3. 判断题

(1)车间生产产品耗用的电费,因与具体产品无直接关系,故不计入产品生产成本。

　　　　　　　　　　　　　　　　　　　　　　　　　　　(　　　)

(2)招待客户发生的业务招待费,应记入"管理费用"账户。　　　(　　　)

技能训练

根据达明公司发生的下列经济业务,编制会计分录:

(1)2日,以现金购入一批办公用品,金额300元,其中车间领用办公用品计100元,行政

部门领用办公用品计 200 元。

（2）6 日，从银行提取现金 6 000 元备用。

（3）6 日，以银行存款 46 000 元发放工资。

（4）10 日，业务员张磊出差，预借差旅费 800 元，以现金付讫。

（5）13 日，业务员张磊出差回来，报销差旅费 700 元，退回现金 100 元，结清前欠借款。

（6）30 日，转来本月领料汇总表，注明甲产品生产领用 A 材料 55 000 元，领用 B 材料 31 000 元，车间一般耗用 A 材料 3 500 元，行政管理部门耗用 B 材料 500 元。

任务 13
参考答案

（7）30 日，分配本月工资费用 46 000 元，其中甲产品生产工人工资 31 000 元，车间管理人员工资 5 000 元，行政管理人员工资 10 000 元。

（8）30 日，结转本月制造费用 8 600 元。

（9）30 日，本月生产的甲产品全部完工，结转完工甲产品成本 125 600 元。

课后活动

给自己的父母做一顿饭，完成从确定菜谱→去超市或菜市场买菜→准备菜品→加工菜品→摆盘上桌的整个过程，吃完饭后，与父母一起计算这顿饭菜的成本，并尝试进行这顿饭菜的成本费用核算。

任务 14　销售业务的核算

学习要点

- 销售业务流程
- 销售业务的核算

诚信是电商的命根子

"创办一年,成交量就已遥遥领先",这句传遍大街小巷的广告语目前因涉嫌虚假广告被通知要领巨额罚单了!　2020 年 11 月 30 日,国家企业信用信息公示系统显示,北京市工商行政管理局海淀分局于日前对金瓜子科技发展(北京)有限公司(以下简称瓜子二手车)下发了一封行政处罚决定书,罚款共计 1 250 万元。

近些年来,二手车电商平台之所以能够高速发展,一个重要原因就在于,相对于传统的线下二手车市场,它的交易信息更透明。大数据和互联网交易模式带来了便利。那句"没有中间商赚差价"的口号,更是深入人心。

不过密集曝光的负面案例说明,二手车市场快速扩张时,交易平台的乱象也在野草疯长。隐瞒实际车况还只是一个缩影,虚假广告宣传、隐性收费、平台数据造假,等等,被曝光的消费陷阱可以说是五花八门。

随着大数据、云计算等互联网技术的大规模应用,电子商务迅猛发展,已成为国民经济的组成部分和重要增长点。然而,大河奔流往往伴随着"泥沙俱下",各种不诚信行为就是电子商务大潮中的"浊流"。对电子商务平台而言,诚信是其健康发展的重要基础。

导学案例

某日,小陈到光华公司应聘销售业务代表一职。图 14-1 为招聘活动的情景。

图 14-1 招聘活动情景

想一想

假如你是应聘者,会如何回答主考官提出的问题?

14.1 销售业务流程

销售过程是工业企业生产经营过程的最后阶段,主要任务是将生产的产品售出,满足社会需要,取得销售收入,使企业的生产耗费得到补偿,并实现企业的经营目标。因此,销售过程核算的主要内容是,售出产品确认实现的销售收入,与购货单位办理价款结算,支付各项销售费用,结转产品的销售成本,计算应向国家交纳的销售税金及附加费,确定其销售的业务成果。另外,企业除产品销售业务外,还会发生一些其他销售业务,如材料销售等,这些销售业务取得的收入和发生的支出,也是销售过程核算的内容。销售业务流程如图 14-2 所示。

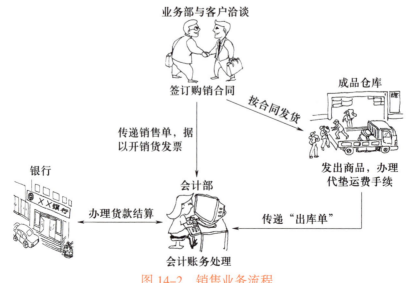

图 14-2 销售业务流程

14.2 销售业务的核算

1. 销售业务核算的基本工作内容

企业销售业务核算的基本工作内容如下：

（1）取得业务发生的单据，包括：

① 销售部门传递的销售单及销货发票的记账联等。

② 从仓库取得产成品出库单。

（2）办理货款结算。货款结算应根据合同规定的结算方式办理。

（3）销售费用核算。确定销售过程中发生的销售费用，如产品广告费、销售机构人员工资等，计算应向国家交纳的各项销售税金及附加等。

销售业务核算

2. 设置账户

（1）"主营业务收入"账户：是损益类账户，用于核算企业销售商品或提供劳务等主营业务所实现的收入。该账户期末结转后无余额。该账户按主营业务的种类设置明细分类账户，进行明细分类核算。其账户结构如下：

借	主营业务收入	贷
期末转入"本年利润"账户的金额		实现的主营业务收入

（2）"主营业务成本"账户：是损益类账户，用于核算企业确认销售商品或提供劳务等主营业务应结转的成本。该账户期末结转后无余额。该账户按主营业务的种类设置明细分类账户，进行明细分类核算。其账户结构如下：

借	主营业务成本	贷
主营业务发生的实际成本		期末转入"本年利润"账户的金额

（3）"税金及附加"账户：是损益类账户，用于核算小企业开展日常生产经营活动应负担的消费税、城市维护建设税及教育费附加等相关税费。该账户期末结转后无余额。其账户结构如下：

借	税金及附加	贷
按规定计算确认税金及附加金额		期末转入"本年利润"账户的金额

（4）"其他业务收入"账户：是损益类账户，用于核算除主营业务活动以外的其他日常生产经营活动实现的收入，如销售材料实现的收入。其账户结构如下：

借	其他业务收入	贷
期末转入"本年利润"账户的金额	实现的其他业务收入	

（5）"其他业务成本"账户：是损益类账户，用于核算企业除主营业务活动以外的其他日常生产经营活动发生的支出。其账户结构如下：

借	其他业务成本	贷
发生的其他业务成本	期末转入"本年利润"账户的金额	

（6）"销售费用"账户：是损益类账户，用于核算在销售商品过程中发生的费用，包括发生的运输费、包装费、保险费、展览费、广告费，以及专设的销售机构的职工工资及福利费等。该账户期末结转后无余额。其账户结构如下：

借	销售费用	贷
由于销售商品而发生的各项销售费用的金额	期末转入"本年利润"账户的金额	

（7）"应收账款"账户：是资产类账户，用于核算企业因销售商品或提供劳务应向购货单位收取的款项。该账户按购货单位设置明细分类账户，进行明细分类核算。其账户结构如下：

借	应收账款	贷
企业应向购货单位收取的款项	收回应收的款项金额	
期末余额：尚未收回的应收款项		

3. 销售业务核算举例

【例 14.1】 2 月 14 日，销售给美华公司甲产品 6 000 件，单价 25 元，计 150 000 元，增值税销项税额为 19 500 元；销售乙产品 4 000 件，单价是 22 元，计 88 000 元，增值税销项税额为 11 440 元，款项已收存银行存款户。

业务分析：

该业务表明，财会部门已取得确认销售收入的相关单据，使得企业销售产品的收入增加，应纳的增值税也增加，同时收到的款项已存入银行。

业务处理：

借：银行存款 268 940
　　贷：主营业务收入——甲产品 150 000
　　　　　　　　　　——乙产品 88 000
　　　　应交税费——应交增值税（销项税额） 30 940

【例 14.2】 2 月 18 日，以银行存款支付广告公司产品销售的广告费 15 000 元，增值税进项税额 900 元。

该业务是企业在销售过程中发生的费用,应反映在"销售费用"账户的借方,借方同时反映增值税进项税额。

业务处理：

借：销售费用	15 000
应交税费——应交增值税（进项税额）	900
贷：银行存款	15 900

【例 14.3】　2 月 20 日,销售给兴达公司甲产品 2 000 件,单价 25 元,计 50 000 元,增值税销项税额是 6 500 元;销售乙产品 1 000 件,单价 22 元,计 22 000 元,增值税销项税额为 2 860 元,款项暂未收到。

业务分析：

该业务使企业销售产品取得的主营业务收入增加,应交的增值税销项税额也增加,但款项尚未收到,反映在"应收账款"账户。

业务处理：

借：应收账款——兴达公司	81 360
贷：主营业务收入——甲产品	50 000
——乙产品	22 000
应交税费——应交增值税（销项税额）	9 360

【例 14.4】　2 月 25 日,收到银行转来的收账通知,兴达公司偿还前欠甲产品、乙产品的货款 81 360 元。

业务分析：

该业务使得企业的银行存款增加,应收兴达公司的货款减少。

业务处理：

借：银行存款	81 360
贷：应收账款——兴达公司	81 360

【例 14.5】　月末,结转已销售甲产品、乙产品的成本,其中 8 000 件甲产品的销售成本是 109 200 元,5 000 件乙产品的销售成本是 75 750 元。

业务分析：

该业务的发生,使得企业的库存产品减少,它是企业为取得主营业务收入而应结转的成本,该成本在"主营业务成本"账户中反映。

业务处理：

借：主营业务成本——甲产品	109 200
——乙产品	75 750
贷：库存商品——甲产品	109 200
——乙产品	75 750

【例 14.6】　月末,根据本月产品销售应交的增值税 5 355 元,计算产品销售应交的城市维护建设税是 374.85 元,应交的教育费附加为 160.65 元。

业务分析:

企业应交纳的城市维护建设税和教育费附加是企业应负担的税费,应记入"税金及附加"账户,同时,使得企业应交税费增加,在"应交税费"账户的贷方反映。

业务处理:

借:税金及附加 535.50

　　贷:应交税费——应交城市维护建设税 374.85

　　　　　　　　——应交教育费附加 160.65

【例 14.7】 次月月初,以银行存款交纳上月应交的城市维护建设税及教育费附加535.50元。

业务分析:

该业务使得企业的银行存款减少,同时应交的税费已交纳,相应的"应交税费"账户也应转销。

业务处理:

借:应交税费——应交城市维护建设税 374.85

　　　　　　　——应交教育费附加 160.65

　　贷:银行存款 535.50

 **课后习题**

1. 单项选择题

（1）（　　）应列入"销售费用"账户进行核算。

　　A. 产品生产耗用的材料费　　　　B. 借款利息费用

　　C. 厂长出差报销差旅费　　　　　D. 产品广告费

（2）（　　）账户是用来核算企业销售商品所实现的收入。

　　A. 主营业务成本　　　　　　　　B. 主营业务收入

　　C. 其他业务收入　　　　　　　　D. 银行存款

2. 判断题

（1）销售发票是销售业务完成后,业务员从购货单位取得的单据。　　　（　　）

（2）销售费用是损益类账户,期末结转后无余额。　　　　　　　　　（　　）

 技能训练

根据达明公司发生的下列经济业务,编制会计分录:

（1）向新奥利公司销售甲产品2 000件,开出销售发票上注明单价80元,价款为160 000元,增值税销项税额为20 800元,产品已发出,款项尚未收到。

（2）向诚兴公司销售甲产品500件,开出销售发票上注明单价80元,价款为40 000元,增值税销项税额为5 200元,产品已发出,款已收到存入银行。

任务 14
参考答案

（3）以银行存款支付日日新广告公司产品广告费1 000元,增值税进项税60元。

132

（4）接银行通知,收到新奥利公司偿还前欠货款 180 800 元。

（5）结转本月销售甲产品成本 112 500 元。

 课后活动

    尝试将家里的废旧报纸、杂志、纸箱整理出来,销售给废品回收公司,然后对该销售业务进行销售核算。

任务15 利润的形成与经营成果的核算

学习要点
- 利润的形成
- 经营成果的核算

课堂思政

阳光下的利润

一次，一位企业家在一个很重要的公共场合，竟然毫无保留地把自己企业历年的盈利情况一五一十地告诉了同行。对此，大家议论纷纷。有好意者劝之："如果你盈利太多，别人就会以为你是在牟取暴利。如果你盈利太少，他们又会对你的能力产生怀疑。你这么做，就是搬起石头砸自己的脚。"而企业家却坚持这么做。他的信念是："在商就不可能不言利。在大家都耻于言利的时候，我将盈利情况公之于众，既表明了我对自己企业的信心，又可以增加大家对我们企业的信任。这种信任就是我获取的又一种珍贵的利润，而且这种利润又可以衍生出来一大笔无法估价的巨额利润，这是我用磊磊落落的坦诚和宽宽广广的胸襟换来的。"

果然，没过多久，这位企业家的公司业绩便扶摇直上，而且基业长青。这位企业家，正是"玻璃大王"曹德旺，他拒入房地产业，追求阳光下的利润，用智慧赚钱，通过高效管理实现高利润率。

阳光下的利润源于阳光心态，阳光心态又源于对自己的信心和对别人的信任。事无不可对人言，成大器者当大气。21世纪是一个充满竞争的时代，面对越来越快的工作节奏，唯有充满活力地工作，坦坦荡荡地做人，才能过得满足而又有意义；企业唯有追求来自激烈竞争的阳光下的利润，才能获得可持续发展的核心能力。

导学案例

在一次公司经营会上，各部门主管都在分析公司的销售和获利情况……

图15-1是经营会议的活动情景。

图 15-1　经营会议的活动情景

想一想

- 如何计算企业利润?
- 企业利润和净利润是一回事吗?
- 企业利润应如何进行分配?

15.1　利润的形成

企业的经营成果表现为利润。利润是指企业在一定会计期间的经营成果,包括收入减去费用后的净额、直接计入当期利润的利得和损失等。利润的构成及分配如图 15-2 所示。

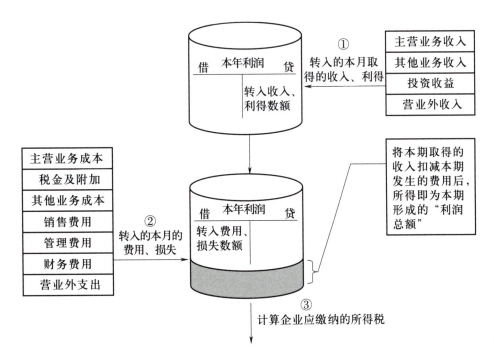

利润的形成

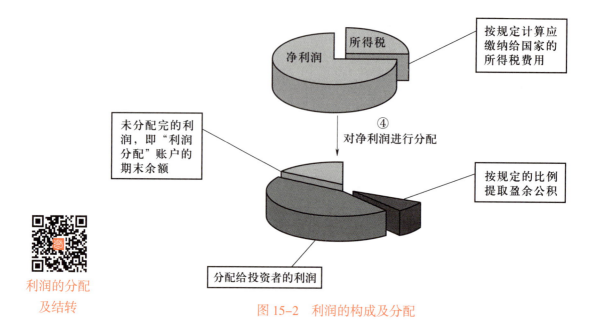

利润的分配
及结转

图 15-2　利润的构成及分配

15.2　经营成果的核算

1. 计算利润

利润的具体计算过程用如下简化公式表示：

营业利润 = 营业收入 – 营业成本 – 税金及附加 – 销售费用 – 管理费用
　　　　 – 财务费用 + 投资收益

营业收入 = 主营业务收入 + 其他业务收入

营业成本 = 主营业务成本 + 其他业务成本

利润总额 = 营业利润 + 营业外收入 – 营业外支出

净利润 = 利润总额 – 所得税费用

2. 设置账户

（1）"营业外收入"账户：是损益类账户，用来核算与企业生产经营无直接关系，但应计入当期利润、会导致所有者权益发生增加而又与所有者投入资本无关的利得，如收到违约方的违约金收入等，期末结转后无余额。其账户结构如下：

借	营业外收入	贷
期末转入"本年利润"账户的收入额	取得的各项营业外收入额	

（2）"营业外支出"账户：是损益类账户，用来核算与企业生产经营无直接关系，但应计入当期费用、会导致所有者权益发生减少，而又与向所有者分配利润无关的损失，如企业对外公益性捐赠、支付的赔偿金和违约金等支出，期末结转后无余额。其账户结构如下：

借	营业外支出	贷
发生的各项营业外支出额	期末转入"本年利润"账户的损失	

（3）"投资收益"账户：是损益类账户,用于核算企业对外投资取得的收益或发生的损失,期末结转后无余额。其账户结构如下：

借	投资收益	贷
发生的投资损失 期末转入"本年利润"账户的净收益	取得的投资收益 期末转入"本年利润"账户的净损失	

（4）"本年利润"账户：是所有者权益类账户,用于核算企业实现的利润（或发生的亏损）。年末,将全年实现的利润（或发生的亏损）转入"利润分配"账户,结转后年末无余额。"本年利润"贷方登记损益类账户转入的收入数额,借方登记损益类账户转入的费用额。年末,应将本账户结转到"利润分配"账户进行利润分配,结转后无余额。其账户结构如下：

借	本年利润	贷
主营业务成本、税金及附加、其他业务成本、销售费用和所得税费用等支出转入额	主营业务收入、其他业务收入和营业外收入等收入转入额	
期末,将全年实现的净利润转入"利润分配"账户	期末,将全年发生的净亏损转入"利润分配"账户	

（5）"所得税费用"账户：是损益类账户,用来核算企业向国家交纳的所得税费用。期末应结转到"本年利润"账户,结转后无余额。其账户结构如下：

借	所得税费用	贷
企业应负担的所得税费用	期末转入"本年利润"所得税费用	

3. 营业外收支业务核算举例

【例15.1】 2月18日,收到真彩公司的违约金15 000元,银行已收妥。

业务分析：

该项收入是与企业的生产经营无直接关系的一项收入,应记入"营业外收入"账户的贷方,同时反映企业的银行存款增加。

业务处理：

借：银行存款　　　　　　　　　　　　15 000
　　贷：营业外收入　　　　　　　　　　　　15 000

【例15.2】 2月23日,企业向红十字会捐赠10 000元,款项以银行存款方式支付。

业务分析：

该业务是与企业生产经营无直接关系的支出,应记入"营业外支出"账户的借方,同时反映企业的银行存款减少。

业务处理：

借：营业外支出 10 000

　　贷：银行存款 10 000

4. 利润形成核算举例

【**例 15.3**】 期末,将损益类有关账户的发生额结转到"本年利润"账户。损益类账户发生额如表 15-1 所示。

表 15-1　损益类账户本期发生额　　　　　　　　单位:元

账户名称	借方发生额	贷方发生额
主营业务收入——甲产品		200 000
主营业务收入——乙产品		110 000
其他业务收入		46 800
投资收益		25 000
营业外收入		15 000
主营业务成本——甲产品	109 200	
主营业务成本——乙产品	75 750	
税金及附加	535.50	
其他业务成本	34 050	
销售费用	15 000	
管理费用	20 226	
财务费用	5 000	
营业外支出	10 000	
合计	269 761.50	396 800

业务分析：

先将损益类账户中的收入转入"本年利润"账户,应贷记"本年利润"账户,借记损益类账户有关收入账户。再将损益类账户中的有关费用、损失转入"本年利润"账户,应借记"本年利润"账户,贷记损益类有关费用账户。

业务处理：

借：主营业务收入——甲产品 200 000

　　　　　　　——乙产品 110 000

　　其他业务收入 46 800

　　投资收益 25 000

　　营业外收入 15 000

　　贷：本年利润 396 800

借:本年利润		269 761.50
贷:主营业务成本——甲产品		109 200
——乙产品		75 750
税金及附加		535.50
其他业务成本		34 050
销售费用		15 000
管理费用		20 226
财务费用		5 000
营业外支出		10 000

根据如上的资料,本月形成的利润如下:

利润总额 =396 800.00–269 761.50=127 038.50(元)

【例 15.4】 期末,按本期实现的利润总额 127 038.50 元计算并结转应预缴的所得税额为 31 759.63 元(注:假定企业所得税税率为 25%,且无其他纳税调整项目)。

业务分析:

该业务是企业按规定的所得税税率计算应交纳的所得税,使得企业的应交税金增加,同时也使得企业应负担的税费增加。

业务处理:

借:所得税费用	31 759.63
贷:应交税费——应交所得税	31 759.63

同时:

借:本年利润	31 759.63
贷:所得税费用	31 759.63

根据以上的资料及处理后可得出,企业本期实现的净利润是:

净利润 =127 038.50–31 759.63=95 278.87(元)

 课后习题

1. 单项选择题

(1)利润总额扣减(　　　)后方为净利润。

　　A. 所得税费用　　　　B. 营业外支出　　　　C. 营业成本　　　　D. 税金及附加

(2)(　　　)账户用来核算企业本年实现的利润。

　　A. 利润分配　　　　B. 投资收益　　　　C. 本年利润　　　　D. 营业外收入

2. 多项选择题

(1)营业利润等于营业收入减营业成本和(　　　　　)后,再加投资收益。

　　A. 管理费用　　　　　　B. 税金及附加　　　　　　C. 财务费用

　　D. 销售费用　　　　　　E. 其他业务成本

（2）（　　　　　）损益类账户期末应结转"本年利润"账户的借方。

A. 主营业务收入　　　　B. 主营业务成本　　　　C. 管理费用

D. 销售费用　　　　　　E. 税金及附加

 技能训练

根据达明公司发生的下列经济业务,编制会计分录:

（1）收到维克利公司转账的违约金 2 500 元,银行已收妥。

（2）向红十字会捐赠 20 000 元,以银行存款方式支付。

（3）月末,将各损益类账户本期发生额（见表 15–2）,结转到"本年利润"账户。

（4）本月利润总额为 52 491 元,按 25% 的税率计算并结转本月预计的所得税费用。

表 15–2　损益类账户本期发生额　　　　　　　　　　　　单位:元

收入类账户	贷方金额	成本、费用类账户	借方金额
主营业务收入	298 460	主营业务成本	205 129
其他业务收入	3 000	其他业务成本	2 645
营业外收入	2 500	税金及附加	467
		管理费用	15 482
		销售费用	6 781
		财务费用	965
		营业外支出	20 000
合　计	303 960	合　计	251 469

任务 15
参考答案

 课后活动

● 请进行一次社会调查,了解企业利润的形成及分配的情况。

● 上网搜索或到当地税务机关查询企业交纳所得税的相关政策。

书号	书 名	主编
978-7-04-053072-8	会计基本技能（第二版）	关 红
978-7-04-054006-2	会计基本技能强化训练（第二版）	关 红
978-7-04-054045-1	会计基础（第二版）	杜怡萍
978-7-04-055279-9	会计基础学习指导与练习（第二版）	梁延萍
978-7-04-048723-7	出纳实务	刘 健
978-7-04-054274-5	出纳实务同步训练	刘 健
978-7-04-049443-3	企业会计实务	徐 俊
978-7-04-050980-9	企业会计实务学习指导与练习	梁健秋
978-7-04-054134-2	税费计算与缴纳（第二版）	陈 琰
978-7-04-055533-2	税费计算与缴纳同步训练（第二版）	陈 琰
978-7-04-049324-5	纳税实务（第四版）	乔梦虎
978-7-04-056970-7	会计电算化（T3云平台）（第二版）	韩 林
978-7-04-057183-7	会计电算化同步训练（T3云平台）（第二版）	韩 林
978-7-04-051989-1	会计实务操作（第二版）	朱玲娇
978-7-04-053440-5	企业会计模拟实习	朱玲娇
978-7-04-054165-6	成本业务核算（第二版）	詹朝阳
978-7-04-055536-6	成本业务核算同步训练（第二版）	詹朝阳
978-7-04-055711-4	统计信息整理与应用	张寒明
978-7-04-048691-9	收银实务（第三版）	于家臻
978-7-04-054908-9	收银实务同步训练	于家臻
978-7-04-054135-9	财经法规与会计职业道德（第二版）	韩 菲
978-7-04-055936-1	财经法规与会计职业道德学习指导与练习（第二版）	余 琼、韩 菲
978-7-04-048159-4	财经应用文写作	柳胜辉
978-7-04-051925-9	财经应用文写作同步训练	柳胜辉、何 茹
978-7-04-050145-2	财经文员实务	林 晓
978-7-04-055717-6	会计电算化（T3云平台）（第二版）	曹小红
978-7-04-056407-5	会计电算化上机指导（T3云平台）（第二版）	曹小红、李 辉
978-7-04-028745-5	Excel在会计中的应用（第三版）	孙万军
978-7-04-049106-7	涉税业务信息化处理	马 明

书号	书　名	主编
978-7-04-055156-3	会计实务信息化操作（第二版）	曾红卫
978-7-04-056640-6	传票翻打技能强化训练	关　红
978-7-04-	经济法基础	谭治宇
978-7-04-057978-9	经济法基础学习指导与练习	白　鸥
978-7-04-058095-2	财会基础知识	阳　柳、李　波
978-7-04-056426-6	企业办税实训	王　维、陆　艺
978-7-04-	企业财务会计	李建红
978-7-04-047239-4	成本核算信息化处理	张建强
978-7-04-050920-5	基础会计（第5版）	陈伟清、张玉森
978-7-04-050907-6	基础会计习题集（第5版）	陈伟清、张玉森
978-7-04-050868-0	基础会计实训（第3版）	杨　蕊
978-7-04-049496-9	财政与金融基础知识（第3版）	彭明强
978-7-04-050386-9	财政与金融基础知识同步训练	彭明强
978-7-04-047645-3	税收基础（第5版）	陈洪法
978-7-04-048445-8	税收基础同步训练	陈洪法
978-7-04-050525-2	经济法律法规（第4版）	李新霞
978-7-04-051924-2	经济法律法规同步训练	李新霞
978-7-04-051239-7	统计基础知识（第4版）	娄庆松、杨　静
978-7-04-051884-9	统计基础知识习题集（第4版）	娄庆松、杨　静
978-7-04-039596-9	统计基础实训（第2版）	娄庆松
978-7-04-049938-4	企业财务会计（第5版）	杨　蕊、梁健秋
978-7-04-050406-4	企业财务会计同步训练	梁健秋
978-7-04-052652-3	企业财务会计实训（第3版）	杨　蕊
978-7-04-032247-7	财务管理（第5版）	张海林
978-7-04-054059-8	财务管理习题集（第5版）	张海林
978-7-04-027340-3	政府与非营利组织会计（第2版）	尹玲燕、杨常青
978-7-04-027341-0	政府与非营利组织会计学习指导与练习（附光盘）	尹玲燕
978-7-04-051880-1	审计基础知识（第3版）	周海彬
978-7-04-052894-7	审计基础知识同步训练	周海彬
978-7-04-051879-5	会计模拟实习（第4版）	陈红文、许长华

书号	书名	主编
978-7-04-051256-4	会计单项模拟实习（第3版）	马　明、许长华
978-7-04-051255-7	会计综合模拟实习（第3版）	林　宏、许长华
978-7-04-053026-1	会计实务操作（第3版）	杨　蕊
978-7-04-050906-9	出纳会计实务（第3版）	林云刚、华秋红
978-7-04-052910-4	出纳会计实务操作（第2版）	林云刚
978-7-04-021101-6	会计英语（附光盘）	许长华
978-7-04-033068-7	成本会计（第3版）	詹朝阳
978-7-04-054097-0	成本会计同步训练	詹朝阳
978-7-04-014970-8	初等管理会计	金　萍
978-7-04-050323-4	商品流通企业会计（第4版）	张立波
978-7-04-051876-4	商品流通企业会计习题集（第4版）	张立波
978-7-04-054843-3	商品流通企业会计实训（第3版）	张立波
978-7-04-057547-7	珠算技术（第二版）	孙明德、徐　蓓
978-7-04-057266-7	珠算技术强化训练	徐　蓓
978-7-04-057979-6	统计基础工作	项　菲、莫翠梅

防伪查询说明

用户购书后刮开封底防伪涂层,利用手机微信等软件扫描二维码,会跳转至防伪查询网页,获得所购图书详细信息。也可将防伪二维码下的 20 位密码按从左到右、从上到下的顺序发送短信至 106695881280,免费查询所购图书真伪。

反盗版短信举报

编辑短信"JB,图书名称,出版社,购买地点"发送至 10669588128

防伪客服电话

（010）58582300

学习卡账号使用说明

一、注册 / 登录

访问 http://abook.hep.com.cn/sve,点击"注册",在注册页面输入用户名、密码及常用的邮箱进行注册。已注册的用户直接输入用户名和密码登录即可进入"我的课程"页面。

二、课程绑定

点击"我的课程"页面右上方"绑定课程",正确输入教材封底防伪标签上的 20 位密码,点击"确定"完成课程绑定。

三、访问课程

在"正在学习"列表中选择已绑定的课程,点击"进入课程"即可浏览或下载与本书配套的课程资源。刚绑定的课程请在"申请学习"列表中选择相应课程并点击"进入课程"。

如有账号问题,请发邮件至 : 4a_admin_zz@pub.hep.cn。